Neue
Kleine Bibliothek 261

Claudia Pinl

Ein Cappuccino für die Armen

Kritik der Spenden- und Ehrenamtsökonomie

PapyRossa Verlag

© 2018 by PapyRossa Verlags GmbH & Co. KG, Köln
Luxemburger Str. 202, 50937 Köln
Tel.:   +49 (0) 221 – 44 85 45
Fax: +49 (0) 221 – 44 43 05
E-Mail: mail@papyrossa.de
Internet: www.papyrossa.de

Alle Rechte vorbehalten

Umschlag: Verlag, unter Verwendung einer
          Abbildung von Annatv81 | Dreamstime.com
Druck: CPI – Clausen & Bosse, Leck

Die Deutsche Nationalbibliothek verzeichnet diese Publikation in
der Deutschen Nationalbibliografie; detaillierte bibliografische
Daten sind im Internet über http://dnb.d-nb.de abrufbar

ISBN 978-3-89438-677-1

Inhalt

Einleitung

Berlin, Oktober 2015. Im Stadtteil Moabit der deutschen Hauptstadt
spielen sich Szenen ab, wie wir sie bisher nur aus Fernsehbildern
nach Naturkatastrophen auf anderen Kontinenten kannten: Vor dem
»Lageso«, dem Landesamt für Gesundheit und Soziales, drängen
sich tausende Menschen, Flüchtlinge, die nach der Grenzöffnung
auf dem Balkan ins Land strömten. Die unvorbereiteten Behörden
stehen vor massiven Problemen, denn sie können weder die An-
kömmlinge registrieren noch die Menschen, die in Kälte und Nässe
oft nächtelang vor der Tür stehen, mit Obdach, Essen oder Kleidung
versorgen.

Spontane Hilfsbereitschaft vieler tausender Bürgerinnen und
Bürger entspannt die Lage etwas, Frauen und Männer versorgen die
Wartenden Nacht für Nacht mit heißen Getränken, Kleidung, mit etwas zu essen, manchmal sogar mit einer Übernachtungsmöglichkeit
und einem Hoffnungsschimmer, dass sich an ihrer desolaten Situation bald etwas ändern könnte – nicht nur in Berlin-Moabit, auch am
Flughafen Köln/Bonn oder am Münchner Hauptbahnhof.

Die Szenen vom Herbst 2015 demonstrieren eine wesentliche
Voraussetzung menschlichen Zusammenlebens, die spontane Bereitschaft vieler, wenn nicht der meisten Menschen, zu helfen, wenn
sich in ihrer Nähe andere in Not befinden.

Wenn viele Menschen freiwillig und ohne Gegenleistung helfen,
dann ist Ausnahmezustand, konstatiert die Soziologin und Erzie-
hungswissenschaftlerin Laura Graf [Graf].

Anscheinend ist in manchen Ecken Deutschlands permanent
Ausnahmezustand, und nicht erst seit die Flüchtlinge in großer Zahl

ins Land kommen. Nicht überall sichtbar, aber zunehmend in den Großstädten, wo Menschen vor Supermärkten betteln, Obdachlose in windgeschützten Ecken ihr Lager aufschlagen und Rentner in Abfallkörben nach Pfandflaschen suchen, wo eine blühende Spendenindustrie Geld erbittet und Freiwilligenagenturen Ehrenamtliche rekrutieren, um die Not zu lindern.

Spontane Hilfsbereitschaft, ausgelöst von Mitgefühl für andere, ist eine Facette von Engagement. Aber sie kann ebenso spontan abflauen, wie sie entstanden ist. Wenn wir von Ehrenamt, Freiwilligenarbeit oder bürgerschaftlichem Engagement sprechen, meinen wir meist eine mehr auf Dauer angelegte Verantwortlichkeit für das, was uns umgibt, den Blick über den Tellerrand der eigenen Familie, des eigenen persönlichen Lebens hinaus, meist auch gekoppelt mit dem Willen, an der Veränderung von Zuständen zu arbeiten, die man als ungut empfindet. Das müssen keineswegs nur soziale Notlagen sein.

Und es geht auch nicht nur darum, selber tätig zu werden, also Energie und Zeit einzusetzen. Menschen, die nicht selber anpacken können oder wollen, spenden Geld, wenn sie glauben, Not vor der eigenen Haustür oder in fernen Ländern mit ihrer Spende abmildern zu können.

Ehrenamt und Spendengesellschaft – ein unwichtiges Nischenthema? Nicht, wenn Jahr für Jahr in Deutschland über 5 Milliarden Euro an Geldspenden eingesammelt werden, wenn man neuerdings in Cafés und Bäckereien motiviert wird, zwei Kaffee oder zwei Brote zu bezahlen, wenn man nur eine Tasse trinkt oder ein Brot kauft – der Rest ist eine Spende für Kunden, die sich einen Cappuccino oder ein Brot sonst nicht leisten könnten.

Wie der jüngste Freiwilligensurvey ausweist, engagieren sich rund 30 Millionen Menschen, annähernd die Hälfte der Jugendlichen und Erwachsenen in Deutschland, in irgendeiner Weise ehrenamtlich. Eine wachsende Infrastruktur an Dienstleistungen rund um Ehrenamt und Freiwilligenarbeit müht sich, auch die andere Hälfte zu entsprechendem Tun zu animieren, angefangen bei der vom Bundesfamilienministerium betriebenen Engagementpolitik bis hin zu den über 500 Freiwilligenagenturen, die sich bundesweit um die Rekrutierung von Ehrenamtlichen bemühen.

»Merkel lobt Engagement und Leistungsbereitschaft«
»Kretschmann würdigt Helden des Alltags«
»Dreyer dankt ehrenamtlichen Helfern«

So und ähnlich lauten die Überschriften zu den alljährlichen Neujahrsansprachen wichtiger politischer Persönlichkeiten. Die höchsten Repräsentanten unseres Staates werden nicht müde, das große Engagement im Lande zu loben. Und gleichzeitig zu mahnen, dass es noch ein bisschen mehr sein darf...

Den Engagementwillen zu befördern dienen Ehrenamtstage, Ehrenamtspreise, Ehrenamtsnadeln, Ehrenamtskarten, die Woche des bürgerschaftlichen Engagements im September, der Tag des Ehrenamts im November, nationale und internationale »Jahre der Freiwilligenarbeit«. Über 680 Engagementpreise, Tendenz steigend, gibt es jährlich in Deutschland zu gewinnen, ausgerichtet vom Bund, Ländern, Kommunen, Unternehmen, Stiftungen, gekrönt vom *Deutschen Engagementpreis*, der am *Deutschen Engagement-Tag* im November in der deutschen Hauptstadt Berlin in mehreren Kategorien verliehen wird.

Zwischen den Preisverleihungen halten sogenannte *Engagement-Botschafter*, jährlich vom Bundesfamilienministerium ernannt, die Werbetrommel in Gang, lenken »den Blick auf das freiwillige Engagement der Menschen und (befördern) damit die öffentliche Anerkennung und Wertschätzung« [BMFSFJ 2014].

Ehrenamt – was, wer, wie viele?

Dem Wortsinn nach ist Ehrenamt eine Amtstätigkeit, die ehrenhalber ausgeübt wird. Das verweist auf die historischen Wurzeln einiger dieser Funktionen.

Ein klassisches Ehrenamt mit langer Geschichte ist das der Schöffen, der ehrenamtlichen Richterinnen und Richter, die nicht nur bei Strafprozessen beteiligt sind, sondern auch an Verwaltungs-, Arbeits-, Sozial- und Finanzgerichten die Rechtsprechung begleiten [Pinl 2010].

Weitere Ehrenämter, deren Tradition zum Teil bis ins Mittelalter zurückreicht, sind Aufgaben an öffentlich-rechtlichen Kammern, als Ratsherr oder Ratsfrau in der Gemeindevertretung oder auch bei Rettungsdiensten wie der Freiwilligen Feuerwehr oder der Bergrettung.

Umgangssprachlich wird der Begriff »Ehrenamt« aber für jede gemeinwohlorientierte Arbeit ohne Erwerbsabsicht benutzt, gleich ob es sich dabei um die Tätigkeit im Prüfungsausschuss der Handwerkskammer oder bei der Lebensmittelausgabe der »Tafel« handelt. Im engeren Sinn gilt eine Tätigkeit dann als ehrenamtlich, wenn sie

- am Gemeinwohl orientiert ist
- nicht auf Erwerb gerichtet
- öffentlich wahrnehmbar
- auf Dauer angelegt ist und
- sich in festen Strukturen vollzieht.

Nicht gemeint sind demnach Haus- und Familienarbeit oder private Nachbarschaftshilfe, auch wenn diese dem Gemeinwohl dienen, im

Fall der Haus- und Familienarbeit auf Dauer angelegt ist und sich in festen Strukturen abspielt.

Nicht nur Ehrenämter mit hoheitlichen Funktionen wie die der Schöffinnen oder Bürgermeister sind gesetzlich verankert, auch z. B. die Vorstandsarbeit der rund 600.000 eingetragenen Vereine in Deutschland. Ebenfalls gesetzlich geregelt sind die Mitwirkungsrechte z. B. von Elternvertretungen oder Aufsichtsgremien der Sozialversicherung. Man kann in diesem Zusammenhang daher auch von öffentlichen Ehrenämtern sprechen.

Menschen, die diese Ämter ausüben, tun das in vielen Fällen nicht nur für Gotteslohn, auch wenn die Aufwandsentschädigungen selten so üppig ausfallen wie beim Präsidenten des Deutschen Fußballbundes Reinhard Grindel, der laut DFB-Satzung ein Ehrenamt bekleidet, dafür eine monatliche Aufwandsentschädigung von 7.200 Euro bezieht [Costa/Klüttermann].

Schöffinnen, Katastrophenhelfer oder Kommunalpolitikerinnen haben für die Zeit ihrer ehrenamtlichen Tätigkeit gesetzliche Ansprüche auf Freistellung von der Erwerbsarbeit und Ersetzung ihres Verdienstausfalls.

Das alles scheint nun wiederum weit entfernt zu sein von Flüchtlingshilfe oder Obdachlosenarbeit. Zumindest in der wissenschaftlichen Diskussion wurde der Begriff Ehrenamt daher schon länger durch *bürgerschaftliches* oder *zivilgesellschaftliches Engagement* ersetzt. In der angelsächsischen Diskussion spricht man von *Volunteering*, was im Deutschen meist mit dem Begriff *Freiwilligenarbeit* übersetzt wird.

Unter dem Begriff Engagement lässt sich manches subsumieren, das auch anderen klassischen Kriterien von Ehrenamt widerspricht, zum Beispiel die Tatsache, dass sich mehr Menschen als früher nur für kurze, überschaubare Zeit einbringen, Menschen, die sich weder in festen Strukturen noch langfristig binden wollen, sich spontan, meist über soziale Medien, zur Hilfeleistung für andere zusammen finden. Mit dem Begriff *Neues Ehrenamt* wird versucht, diese spontaneren, oder auch zeitlich begrenzten Formen von Engagement zu kennzeichnen.

Freiwilligendienste

Einer älteren Tradition folgen die Freiwilligendienste. Zum Beispiel das *Freiwillige Soziale Jahr* (FSJ). Ursprünglich eine Initiative der Kirchen für junge Erwachsene, kam das FSJ 1964 in die Obhut des Bundesfamilienministeriums, wurde später um den Zweig *Freiwilliges Ökologisches Jahr* (FÖJ) erweitert. Obwohl für beide Geschlechter offen, war das FSJ vor allem eine Domäne junger Frauen; wehrpflichtige junge Männer bevorzugten im Zweifel den Zivildienst, zumal der Sold der »Zivis« höher ausfiel als das FSJ-Taschengeld.

Angesichts vieler nichterwerbstätiger Ehefrauen und leistungsfähiger Rentner lag der Gedanke nahe, auch die ältere Generation in ein verbindliches Freiwilligen-Konzept einzubinden. Die *Freiwilligendienste aller Generationen* (FdaG) waren ein vom Bundesfamilienministerium von 2009 bis 2011 finanziell unterstütztes Projekt zur Vernetzung regionaler ehrenamtlicher Strukturen. Seither wird er von regionalen Trägern weiter betrieben. Aktuell zum Beispiel von den *Paritätischen Freiwilligendiensten Sachsen*. Sie bieten im Rahmen des FdaG Dienste in Kitas, Pflegeheimen und Senioren-Begegnungsstätten an. Bezahlt wird ein Taschengeld zwischen 75 und 150 Euro im Monat, je nach Arbeitszeit, die bis zu 20 Wochenstunden betragen kann [Paritätische Freiwilligendienste Sachsen].

Solange in Deutschland Wehrpflicht bestand, waren immer wieder Stimmen zu hören, die eine entsprechende Verpflichtung zur Dienstleistung auch für junge Frauen forderten. 2011 ersetzte der *Bundesfreiwilligendienst* (BFD) den Zivildienst, der mit Abschaffung der Wehrpflicht zum 1. Juli 2011 auslief.

Der BFD ist ohne Altersbeschränkung für Männer und Frauen offen. Anfang 2018 waren 43.827 *Bufdis* im Dienst, Frauen stellten mit 55 Prozent die Mehrheit. Die Höhe des Taschengelds wird von den einzelnen Trägern bestimmt, soll 390 Euro im Monat nicht überschreiten [Bundesfreiwilligendienst].

Zahlreich sind die Möglichkeiten vor allem für junge Menschen, sich im Ausland zu engagieren. Zum Beispiel beim Europäischen Freiwilligendienst, oder bei kirchlichen Friedensdiensten. Der ehemalige Deutsche Entwicklungsdienst DED ist in der *Gesellschaft für Internationale Zusammenarbeit* (GIZ) aufgegangen und bietet unter den Stichworten »weltwärts« oder »Ziviler Friedensdienst« Stellen für das *Volunteering* im Ausland.

Nach Angaben des zuständigen Bundesfamilienministeriums sind jährlich rund 100.000 zumeist jüngere Menschen bei den inländischen Freiwilligendiensten engagiert. Bei den Trägerorganisationen sind sie beliebt, weil ihre Arbeitsleistung planbar, ihr Engagement berechenbar ist. Sie schließen mit den Trägern Verträge ab, in denen sie sich in der Regel zwischen einem halben und anderthalb Jahren verpflichten, mindestens halbtags zu arbeiten (beim Freiwilligendienst aller Generationen auch weniger). Dafür gibt es ein monatliches Taschengeld, manchmal auch Zuschüsse zu Unterkunft und Verpflegung, in jedem Fall Versicherungsschutz, fachliche Begleitung und Fortbildungen, auch Kindergeld wird gezahlt.

Zahlen und Fakten

Der alle fünf Jahre im Auftrag des Bundesministeriums für Familie, Senioren, Frauen und Jugend (BMFSFJ) durchgeführte Freiwilligensurvey ergab zuletzt einen Anteil der freiwillig und ehrenamtlich Engagierten von 43,6 Prozent der Bevölkerung ab 14 Jahren bzw. 30,9 Millionen Menschen in Deutschland. Die Daten wurden 2014 erhoben, also noch vor der großen Flüchtlingszuwanderung von 2015, der Survey aber erst 2016 veröffentlicht. Gegenüber vorangegangen Untersuchungen, die von 23 Millionen Engagierten, einem Drittel der erwachsenen Bevölkerung, ausgingen, ist das eine Steigerung von über zehn Prozent [BMFSFJ 2016a].

Allerdings zweifeln einige Wissenschaftler/innen sowohl an den Erhebungsmethoden wie auch an deren Interpretation. Die Standards für Tätigkeiten, die als freiwilliges Engagement gelten, seien abgesenkt worden, wirft der Politikwissenschaftler Roland Roth den Autorinnen und Autoren des Surveys vor, Fakten würden an Fakten gereiht ohne konzeptionelle Durchdringung. Den konstatierten starken Anstieg des Engagements kommentierte Roth in einem

Interview so: »Das hat vermutlich wenig mit der Realität zu tun.« Auch wird der Verdacht geäußert, dass dem Bundesfamilienministerium und dem zu seinem Geschäftsbereich gehörenden Deutschen Zentrum für Altersfragen (DZA), das die Untersuchung durchführte, Erfolgsmeldungen für die bereits viele Jahre betriebene »Engagementpolitik« des Hauses nicht unwillkommen gewesen seien [Roth].

Der Kritik zum Trotz hat es sich eingebürgert, auch in offiziellen Verlautbarungen von rund 30 Millionen Engagierten über 15 Jahren zu sprechen. Mit dem Anstieg der Hilfsbereitschaft für Geflüchtete ab 2015 dürfte diese Zahl auch einigermaßen realistisch sein.

Über den zeitlichen Umfang des Engagements sagt sie allerdings nichts. Auch frühere Surveys rechneten zu den Engagierten den Vogelzähler des NABU, der ein oder zwei Mal im Jahr Singvögel kartiert, ebenso wie die Vorsitzende eines Sportvereins, die zumindest vor Versammlungen oder Wettkämpfen zehn oder mehr Wochenstunden in die Vereinsarbeit steckt. Der Freiwilligensurvey von 2016 konstatiert jedoch, dass die durchschnittlichen Stundenzahlen, die der oder die Engagierte für ihre Tätigkeit verwenden, gesunken sind. Der Anteil derjenigen, die wöchentlich sechs Stunden und mehr aufwenden, ging gegenüber 22,9 % in 1999 auf 18,1 % zurück. Dem entsprechen auch Berechnungen des Statistischen Bundesamts, das in seiner Zeitverwendungsstudie 2012/2013 die Gesamtzahl der von Ehrenamtlichen geleisteten Arbeit mit 3,3 Milliarden Jahresstunden angab [Köcher/Haumann, S. 15].

Eine Untersuchung der Prognos AG aus dem Jahr 2009 hatte den gesamten zeitlichen Umfang ehrenamtlicher Arbeit noch mit 4,6 Milliarden Jahresstunden berechnet. Umgerechnet auf einen Acht-Stunden-Tag entsprach das damals der Arbeitszeit von 3,2 Millionen Vollzeitbeschäftigten. Eine Zahl übrigens, die eine gewisse Ähnlichkeit mit einer anderen Zahl aus dem Jahr 2009 aufweist:

3,4 Millionen Menschen waren damals in Deutschland arbeitslos gemeldet. Prognos ermittelte die Werte anhand einer Umfrage bei 44.000 Menschen in 439 kreisfreien Städten und Landkreisen im Auftrag der Versicherung Generali für deren »Engagementatlas

2009«. Die Untersuchung ging noch einen Schritt weiter und rechnete – unter Zugrundelegung eines bescheidenen Stundensatzes von 7,50 Euro – einen von den Engagierten geschaffenen Jahresarbeitswert von 35 Milliarden Euro [Generali].

Über Jahre wenig verändert hat sich an der Verteilung der Ehrenamtlichen auf die Tätigkeitsfelder. Nach wie vor engagieren sich die meisten Menschen im Bereich Sport/Bewegung (16,3 Prozent), gefolgt von den Bereichen Schule/Kindergarten (9,1 Prozent) und Kultur/Musik (9,0 Prozent), Soziales und Kirchliches. Wesentlich kleinere Engagementbereiche sind die Politik, der Naturschutz, die Justiz oder die Rettungsdienste [BMFSFJ 2016a]. In dem vom Bundesministerium für Familie, Senioren, Frauen und Jugend verantworteten Werbefilmchen »Du bist unersetzlich« werden die absoluten Zahlen wie folgt angegeben:

• Sport: 11,5 Millionen
• Schulen, Kindergärten, Kitas: 6,5 Millionen
• Kultur, Musik: 6,4 Millionen
• Soziales: 6 Millionen
• Freiwillige Feuerwehren/Rettungsdienste: 2,1 Millionen
• Freiwilligendienste: 100.000 [BMFSFJ 2018a].

Diese Zahlen deuten darauf hin, dass ein erheblicher Teil der ehrenamtlich Tätigen, vorsichtig geschätzt ein Viertel, keineswegs den von Politikern und Prominenz immer wieder beschworenen Motiven des Helfens und des Kampfs gegen die soziale Kälte verpflichtet sind, sondern schlicht mit anderen zusammen ihre Freizeit gestalten, sei es im Sportverein, in der Trachtengruppe oder in der Musikkapelle. Dagegen ist auch überhaupt nichts einzuwenden, auch Trachtengruppen, Musikkapellen und Männergesangvereine sind sozialer Kitt, gehören zu einer lebendigen und lebenswerten Gesellschaft.

Es zeigt sich an dieser Stelle nur wieder einmal, wie unter den Begriffen Freiwilligenarbeit, Ehrenamt und bürgerschaftliches Engagement allerhand zusammengefasst wird, was nicht unbedingt zusammengehört.

Gender – Arbeitsteilung nach Geschlecht auch im Ehrenamt
Besuch im »HöVi-Land«, der vom Kölner Pfarrer *Franz Meurer* rund
um seine Kirchengemeinde in Köln-Vingst aufgebauten Anlaufstelle
für die zahlreichen Armen in diesem »sozialen Brennpunkt«: Meurer wieselt herum, »seine« Frauen, ein halbes Dutzend der vielen Ehrenamtlichen – 75 sind es insgesamt in HöVi-Land – haben in der
schmalen Teeküche Kaffee, Kuchen und Brötchen vorbereitet. Dann
gibt es eine Führung durchs Untergeschoss, den Gerätekeller, die
Holzwerkstatt, in dem Rentner – »die sind froh, dass sie was zu tun
haben« – Jugendliche anleiten; dahinter der Raum für die Lebensmittelausgabe, ein weiterer großer Raum, in dem Spenden sortiert
werden, aber auch ein Tisch steht, an dem morgens alle frühstücken,
wie man erfährt. Ansonsten arbeiten die Männer draußen, die Frau-
en drinnen, in dieser muffigen Luft, die nach Keller riecht, neben-
an die Kleiderausgabe, das muffigste von allem. Kein Tageslicht. Die
Wohlfahrtsfabrik des 21. Jahrhunderts.

Was die Arbeitsinhalte der weiblichen Ehrenamtlichen anbelangt, sind die Übergänge zu der von Frauen im privaten Rahmen
geleisteten Sorge-Arbeit fließend: Frauen im Ehrenamt sind ganz
überwiegend mit *Care*-Arbeit beschäftigt, mit Sich-Kümmern und
mit direkter menschlicher Zuwendung. Das kennen die meisten aus
ihren Familien: Ältere Frauen pflegen ihre noch älteren Partner zu
Hause; wenn sich Großmütter nicht intensiv um Enkel kümmerten, bräche zumindest in Westdeutschland die Kinderversorgung
zusammen. Der Schwerpunkt der weiblichen Ehrenamtlichen liegt
in der freiwilligen Arbeit in Altenheimen, Krankenhäusern, Tafel-
Ausgabestellen, Kleiderkammern oder bei Besuchsdiensten. So ver-
wundert es auch nicht, dass je nach Altersgruppe zwischen 60 und
80 Prozent der in der Flüchtlingsarbeit Engagierten Frauen sind
[Graf, S. 60].

Fast alles, was Frauen ehrenamtlich machen, ist öffentlich nicht
so gut sichtbar wie die Funktionen als Vereinsvorsitzender, Sport-
obmann oder Ratsherr. Das passt gut zum anerzogenen weiblichen
Sozialcharakter, den Vorstellungen, niemand zur Last zu fallen, son-

dern im Gegenteil, sich nützlich zu machen, wo immer es geht. Zu Recht nennt daher die Soziologin *Elisabeth Beck-Gernsheim* ältere Frauen »die heimliche Ressource der Sozialpolitik« [Backes/Clemens, S. 90].

Männer treffen wir eher in klassischen, traditionellen Ehrenämtern, im Rettungswesen und Katastrophenschutz, in der Kommunalpolitik, im Justizwesen (Schöffen), als Jugendleiter, in Aufsichtsgremien der Sozialversicherung, in den Ehrenämtern öffentlich-rechtlicher Kammern oder Berufsverbänden, als Präsident von dies und Vorsitzender von das, in Funktionen die bisweilen mit hohen Aufwandsentschädigungen versehen sind. Wenn sie sich in sozialen Ehrenämtern engagieren, sind Männer eher in Aufsichts- und Leitungspositionen zu finden als bei der tatsächlichen Arbeit vor Ort – oder sie schreiben Bücher zum Thema.

Überspitzt ausgedrückt: Ehrenamtliche Betätigung, bei der kein *return on investment* zu erwarten ist, wird gern Frauen überlassen. Wobei die Rendite nicht unbedingt monetär ausfallen muss, wie in der Spendenindustrie oder den Ehrenämtern mit Aufwandsentschädigung, sondern auch aus Immateriellem bestehen kann, wie öffentliches Ansehen, Freizeitspaß oder Kompensation für ein vielleicht wenig Zufriedenheit bietendes Berufsleben.

Wenn es um ehrenamtliche Betätigung insgesamt geht, haben Männer zahlenmäßig die Nase vorn. Das ist vor allem der weiterhin großen Bedeutung des Sports zu verdanken, der immer noch derjenige Sektor ist, in dem sich die meisten Menschen engagieren. Im Sport und anderen freizeitnahen Domänen des Ehrenamts sind Männer ebenso in der Mehrzahl wie in den genannten Ehrenämtern mit öffentlichem Charakter. [Pinl 2010].

30 Millionen reichen nicht

Nicht erst seit Veröffentlichung des Freiwilligensurveys 2014, auch schon laut vorangehender Untersuchungen gehört Deutschland weltweit zur Spitzengruppe der Länder, in denen sich besonders viele Bürgerinnen und Bürger für allgemeine Belange einsetzen. In der EU wird Deutschland nur übertroffen von den Niederlanden und Schweden, wo die Hälfte der erwachsenen Bevölkerung ehrenamtlich tätig ist. Auch in Großbritannien, Norwegen und den USA ist der Anteil Engagierter hoch. Zahlenmäßigen Vergleichen ist allerdings mit Vorsicht zu begegnen, denn Unterschiede sind – von kulturellen Traditionen abgesehen – oft nicht vergleichbaren Erhebungsmethoden geschuldet.

30 Millionen also, ein Netzwerk von 30 Millionen guter Menschen, das sich über Deutschland spannt, wie Altbundespräsident *Joachim Gauck* einmal formulierte – aber es reicht nicht. Denn Ehrenamt und Freiwilligenarbeit werden nicht nur alljährlich in den Neujahrsansprachen der Politiker gelobt, sondern fast täglich auch intensiv beworben.

Wohlfahrtsverbände wie Diakonie oder Caritas, kulturelle Einrichtungen, Altenheime, Hospize, Tafeln, kommunale Grünflächenämter, Natur- und Tierschutzverbände, Kirchengemeinden, Bürgervereine und Initiativen – alle sind ständig auf der Suche nach Freiwilligen zur Unterstützung ihrer Arbeit. Bundesregierung, Landesregierungen, Städte und Landkreise betreiben mit Geld und guten Worten Engagementpolitik mit Ehrenamtspreisen und Ehrenamtstagen, mit Fördermitteln und PR-Kampagnen. Auf Handzetteln, in Lokalzeitungen, im Fernsehen, in den sozialen Medien, in Werbung aller Art hallt der Ruf nach weiterer Gratisarbeit durch die Republik.

Ein Ausnahmezustand, wie ihn Laura Graf nannte, täglich und andauernd, der des ständigen Einsatzes der »guten Menschen« bedarf?

Regierungen interessierte es schon immer, wenn sich Menschen unterhalb der politisch-institutionellen Ebene in Initiativen, Verbänden und Vereinen zusammenschlossen. Zivilgesellschaft ist ein Politikum. In autoritären Staaten, weil die Herrschenden Angst haben, die freiwilligen Zusammenschlüsse könnten sich ihrer Kontrolle entziehen. In offenen Gesellschaften, weil dort das Zwischenreich zwischen Staat, Familie und Erwerbssphäre in seiner Funktion für den Zusammenhalt der Gesellschaft erkannt wird.

Bereits in den Anfängen der Bundesrepublik gab es Ansätze zur gezielten Förderung des bürgerschaftlichen Engagements. Die Älteren unter uns mit westdeutscher Biografie erinnern sich vielleicht an die *Aktion Gemeinsinn*, die mit dem Slogan »Miteinander – Füreinander« und der Negativfigur des »Herrn Ohnemichel« für das Ehrenamt warb.

Die Aktion wurde 1957 auf eine Initiative der Medienwirtschaft und der Bundeszentrale für politische Bildung gegründet und wurde auch damals wohlwollend von der Politik begleitet. Aber erst in den letzten 20 bis 30 Jahren hat das Ehrenamt, das bis dahin als eine eher private Nebenbeibeschäftigung galt, eine derartige Bedeutungsaufladung erfahren, dass keine Weihnachts- oder Neujahrsansprache von Kanzlerin oder Bundespräsident ohne Bezug darauf auskommt.

Warum der Hype ums Ehrenamt, warum die ständige Werbung um weiteres Engagement? Was steckt dahinter, dass Ausnahmezustand offensichtlich nicht nur bei der Versorgung und Integration von Flüchtlingen herrscht, sondern in vielen Bereichen des Gemeinwesens, in der Bildung, bei den kommunalen Diensten, in der Kranken- und Altenpflege, in der Kultur und vor allem im sozialen Bereich? Warum dieser große Bedarf an Arbeit, die nichts kostet, in einem der reichsten Länder der Erde?

Ein Rückblick auf den deutschen Wohlfahrtsstaat und die Veränderungen, denen er seit Ende des letzten Jahrhunderts ausgesetzt war, kann darauf Antwort geben.

Suppenküche statt sozialer Sicherheit – wie der Sozialstaat zurechtgestutzt wurde

Im Mittelalter waren es vor allem Kirchen und Klöster, auf deren Mildtätigkeit Arme angewiesen waren, die nicht in ihrer eigenen Gemeinschaft oder Sippe versorgt wurden. Einen Sozialstaat, der sich um Bedürftige kümmerte, gab es nicht, bestenfalls kommunale »Armenpflege« in den Städten der frühen Neuzeit. Manche wohlhabende Bürger übernahmen Verantwortung für arme Mitbürger, gründeten Spitäler und Waisenhäuser. Der Aufschwung des Vereinswesens im 18. Jahrhundert diente den musischen, künstlerischen, geselligen und literarischen Interessen des Bürgertums, aber auch der philanthropischen Gesinnung vieler Vertreter des Bürgertums.

Die im 19. und beginnenden 20. Jahrhundert gegründeten Wohlfahrtsverbände waren eine Antwort auf die Verelendung großer Teile der Bevölkerung durch Industrialisierung, Landflucht und Kriege. Das Schulwesen für die breiten Schichten der Bevölkerung bot kaum mehr als eine rudimentäre Bildung. Einrichtungen wie die *Arbeiterwohlfahrt* der Sozialdemokratie, Arbeiterbildungsvereine sowohl der Parteien wie auch der Gewerkschaften antworteten auf soziale und kulturelle Bedürfnisse des »Vierten Standes«.

Wichtige Vereinszwecke im 19. und zu Beginn des 20. Jahrhunderts waren außerdem Zusammenschlüsse, die aus heutiger Sicht Bürgerinitiativen oder Selbsthilfegruppen wären, wie etwa die Gründung von Freiwilligen Feuerwehren.

Später kam der Sport hinzu. An der Gründung von Sportvereinen, ebenso wie früher schon an Gesangs- und Turnvereinen, war neben dem Bürgertum auch die Arbeiterschaft beteiligt, zum Teil in bewusster Abgrenzung zu bürgerlich geprägter Geselligkeit.

Bismarck begründet das System sozialer Sicherung

Mit Beginn der Industrialisierung waren ältere soziale Bindungen zerbrochen, breite Bevölkerungsmassen verelendeten. Bürgerlich-philanthropische und kirchlich-karitative Initiativen konnten das Leid nur partiell mildern, ebenso wie die staatliche oder kommunale Fürsorge oder Selbsthilfe-Organisationen der Arbeiterbewegung. Sozialdemokratie und Gewerkschaftsbewegung erstarkten und wurden zum politischen Faktor im Kaiserreich. Mit der Einführung der Arbeiter-Krankenversicherung 1883 wollte Reichskanzler Bismarck Zweierlei erreichen: zum einen die Gefahr einer sozialen Revolution bannen, zum anderen die öffentlichen Kassen von den hohen Kosten für die Armenfürsorge entlasten. Es folgten 1884 die Einführung der Unfallversicherung, 1889 die Alters- und Invalidenversicherung. Die Sozialreformen des Kaiserreichs bilden noch heute das Fundament des deutschen Systems der sozialen Sicherung.

Die staatlich garantierte fundamentale Absicherung gegen Krankheit, Unfall, Alter – zunächst der Arbeiter, später aller abhängig Erwerbstätigen – machte andere Formen von Wohlfahrtspflege nicht überflüssig. Fürsorge, Mildtätigkeit, Dienst am Anderen, Solidarität mit Armen und Bedürftigen gehörten weiterhin zum traditionellen Wertekanon nicht nur der Kirchen und Glaubensgemeinschaften, sondern auch des liberalen Bürgertums und der Arbeiterbewegung. Für Letztere galt die Fürsorgearbeit jedoch nur als Zwischenschritt auf dem Weg zu einer gerechten Gesellschaft, in der niemand mehr von Armut bedroht sein sollte.

Auf dem im Kaiserreich errichteten Fundament der Kranken-, Unfall- und Rentenversicherung für Arbeiter entwickelte sich der deutsche Sozialstaat im zwanzigsten Jahrhundert weiter. In der Weimarer Republik wurden Angestellte in die Sozialversicherung einbezogen und 1927 die Arbeitslosenversicherung eingeführt. Mit der Umstellung des Rentensystems auf das Umlageverfahren 1957

dämmte die Adenauer-Regierung die Altersarmut ein. Das Bundessozialhilfegesetz (BSHG) von 1961 sicherte Menschen in Not einen
einklagbaren Rechtsanspruch auf Hilfe. Lohnzuwächse, die Weiterentwicklung der Mitbestimmung, Studierenden-Stipendien, wie die
Einführung des »Honnefer-Modells« als Vorläufer des BAföG, der
Bildungsboom der Siebziger (»Bildung ist Bürgerrecht«) – all das
sorgte dafür, dass auch Kindern aus Arbeiterhaushalten der berufliche Aufstieg gelang.

Bereits in der Weimarer Republik hatte sich der noch heute gül-
tige Dualismus zwischen öffentlicher und verbandlicher Fürsorge als
Kennzeichen des deutschen Sozialsystems herausgebildet. Kirchliche
und andere Verbände wurden als Anbieter sozialer Dienste in das
Wohlfahrtssystem integriert.

Bis in die Mitte des 20. Jahrhunderts stützten sich vor allem die
kirchlichen Verbände in der Pflege oder Fürsorge auf Ordensleute,
Nonnen oder Diakonissen, während andere Verbände häufig bürger-
liche Frauen als ehrenamtliche Kräfte beschäftigten. In der Zeit nach
dem Zweiten Weltkrieg begann dagegen eine Phase der verstärkten
Professionalisierung sozialer und pflegerischer Arbeit. Vieles was in
Kirchen und Verbänden vorher ehrenamtlich geleistet wurde, übernahmen ab den sechziger Jahren auf Fachhochschulen ausgebildete
Sozialarbeiterinnen und Sozialpädagogen. Viele von ihnen waren
durch die Studentenbewegung politisiert und arbeiteten neben ihrer
»Einzelfallhilfe« auch daran, gesellschaftliche Zustände zu ändern,
die Armut oder Obdachlosigkeit hervorriefen. In der Sozialarbeit
der siebziger Jahre ging es auch immer um eine gesellschaftliche
Perspektive, um politische Veränderungen, so dass Menschen nicht
mehr auf soziale Hilfen angewiesen sein würden. Damals entwickelte Konzepte der Gemeinwesenarbeit sollten Benachteiligten helfen,
politische Veränderungen ihrer Situation selber voranzutreiben, sich
aus dem Objektstatus der Fürsorge zu befreien und zu Subjekten
ihres eigenen Handelns zu machen.

Nicht nur die Bundesrepublik baute den Sozialstaat aus. Die Welt-
wirtschaftskrise der 1920er Jahre, die Erfahrung von Not und Elend

während der Weltkriege, die Systemkonkurrenz mit den sozialistischen Ländern nach 1945 – das alles trug dazu bei, die Netze der Wohlfahrtsstaatlichkeit auch in anderen europäischen Ländern enger zu knüpfen. Vorreiter war Großbritannien, wo bereits vor dem Ersten Weltkrieg eine gesetzliche Altersversorgung geschaffen wurde. Die weitreichendsten Reformen veranlasste die Labour-Regierung nach 1945, die Einführung des staatlichen Gesundheitsdienstes, Kindergeld, Mindestlohnregelungen und staatlich geförderter Wohnungsbau gehörten dazu.

Auch die USA hatten unter dem Eindruck der verheerenden Wirtschaftskrisen der 20er und 30er Jahre mit dem Aufbau sozialstaatlicher Strukturen begonnen. Während der *New Deal*-Reformen des Präsidenten *Franklin D. Roosevelt* wurden nicht nur Finanzmärkte reguliert, das Kartellrecht verstärkt und die Steuern für Spitzenverdiener erhöht. Arbeitsbeschaffungsmaßnahmen und Schulspeisungen milderten akute Not. Die gesetzliche Rentenversicherung (1935) und die staatliche Garantie von Mindestlöhnen sind bis heute Teil der wohlfahrtsstaatlichen Strukturen in den USA, die unter den folgenden Präsidenten der Demokratischen Partei, *Truman, Kennedy* und *Johnson*, ausgebaut wurden.

Rückbau des Sozialstaats

Von beiden angelsächsischen Ländern, Großbritannien und den USA, ging allerdings auch der Startschuss aus, mit dem im letzten Drittel des vorigen Jahrhunderts der massive Rückbau des Sozialstaats in den westlichen Ländern eingeleitet wurde.

Die optimistische Aufbruchstimmung der siebziger Jahre verflog, als im Gefolge der Ölkrise 1973 das Wirtschaftswachstum in den Industrieländern stagnierte. Ab 1979 läuteten *Margaret Thatcher* in Großbritannien und bald darauf *Ronald Reagan* in den USA mit einem grundlegenden Paradigmenwechsel in der Wirtschafts- und Sozialpolitik das Ende der Nachkriegs-Wohlfahrtsstaatlichkeit ein. Wohlstand und Wirtschaftswachstum sollten in Zukunft nicht mehr von Staatsausgaben und der Konsumkraft breiter Massen abhängen, sondern in erster Linie von den Investitionen der Kapitalbesitzer. Konstituierendes Element dieser als neoklassisch bzw. neoliberal bezeichneten wirtschaftspolitischen Ausrichtung ist der Glaube an die Selbstregulierungskräfte des Marktes – man müsse ihn nur von staatlichen Beschränkungen und Eingriffen möglichst weitgehend befreien, und zwar weltweit, dann würden sich Wachstum und Wohlstand für alle ausbreiten.

Die wirtschaftspolitische Neuausrichtung unter Präsident Reagan, vor allem dessen Glaube, dass vom wachsenden Reichtum an der Spitze der gesellschaftlichen Pyramide mittels eines *trickle down*-Phänomens (der Reichtum der oberen Zehntausend sickert angeblich nach unten durch) auch Mittelstand und untere Schichten profitierten, wurde als *Reaganomics* bespöttelt, hatte jedoch in den USA und Großbritannien handfeste Auswirkungen auf breite Gesellschaftsschichten.

Unter der Ägide von Reaganomics wurden in beiden Ländern die Besteuerung der Reichen und des Mittelstands vermindert, die wirtschaftliche Aktivität des Staates zurückgedrängt, soziale Transferzahlungen gekappt und die Einflussmöglichkeiten der Gewerkschaften beschnitten. Die Finanzmärkte wurden durch Ausweitung des Kapitaltransfers »dereguliert« und damit die Voraussetzungen für Spekulationsgeschäfte im globalen Ausmaß geschaffen. Reagan senkte den Spitzensteuersatz der US-Einkommensteuer 1981 von 70 auf 33 Prozent. Margaret Thatcher privatisierte in Großbritannien Staatseigentum auf breiter Front, schwächte die Gewerkschaften und wickelte wohlfahrtsstaatliche Institutionen ab.

Inwieweit das Wachstum der US-Wirtschaft in der zweiten Hälfte der achtziger Jahre auf Reaganomics zurückzuführen ist, ist umstritten. Eindeutig den neoliberalen »Reformen« zu verdanken, ist aber die drastische Vertiefung sozialer Spaltungen.

Die Bundesrepublik zieht nach

Die Veränderungen in Großbritannien und den USA wurden in der Bundesrepublik, vor allem in Wirtschaftskreisen, aufmerksam verfolgt.

Bereits zu Ende der sozial-liberalen Ära 1982 empfahl das einflussreiche Kieler Institut für Weltwirtschaft, und dort vor allem der spätere Chefvolkswirt der Deutschen Bank, *Norbert Walter*, »Reformen« einzuleiten. Die Privatisierung öffentlicher Dienstleistungen und die Eindämmung des angeblich ausufernden Sozialstaats waren die Hauptforderungen, wofür ebenfalls alsbald die *Bertelsmann-Stiftung* emsig warb, die nach eigener Aussage »Reformprozesse« und »Prinzipien unternehmerischen Handelns« unterstützt, um eine »zukunftsfähige Gesellschaft« aufzubauen.

Nach dem Ende der sozial-liberalen Koalition 1982 versprach die neue christlich-liberale Regierung unter *Helmut Kohl* eine »geistigmoralische Wende«. Was das bedeuten könnte, drückte Kohl gleich in seiner ersten Regierungserklärung am 13.10.1982 so aus:

»Wenn wir den alten Weg gedankenlos weitergehen, stürzen wir den Menschen in die neue Entfremdung eines anonymen bürokratischen Wohlfahrtsstaates, kaum dass wir ihn durch die soziale Marktwirtschaft aus der Entfremdung des Kapitalismus befreit haben (…) Wir wollen mehr Selbst- und Nächstenhilfe der Bürger füreinander. Das politische Strukturprinzip dafür ist die Subsidiarität. Es verlangt die Vorfahrt für die jeweils kleinere Gemeinschaft. Was diese zu leisten vermag, soll ihr die größere nicht abnehmen« [Notz, S. 51].

Der Appell an die Bürgerinnen und Bürger, in Zukunft mehr Selbst- und Nächstenhilfe füreinander zu leisten, sollte in den folgenden Jahren von den Regierenden noch oft zu hören sein.

Wenn Kohl diesen Appell gedanklich mit dem *Subsidiaritätsprinzip* begründet, das er zugleich zum »Strukturprinzip« seiner Regierungspolitik erklärt, so ist das bereits eine Absage an das bisherige Verständnis des im Grundgesetz verankerten Sozialstaatsprinzips. Das Subsidiaritätsprinzip, nach dem laut Duden übergeordnete gesellschaftliche Einheiten, besonders der Staat, nur solche Aufgaben übernehmen sollen, zu deren Wahrnehmung kleinere Einheiten wie die Individuen oder die Familien nicht in der Lage sind, ist tragendes Element der katholischen Soziallehre und stammt in dieser Form aus Zeiten vor der Ausbildung des modernen Sozialstaats.

Kohl diente es dazu, den Rückbau des Sozialstaats zu rechtfertigen und diesen gleichzeitig als autoritäres, bürokratisches Monster
darzustellen. Das Subsidiaritätsprinzip wird seither von den Propagandisten der Engagementpolitik immer wieder bemüht, wenn sie
für die Ausweitung der Sphären freiwilliger Arbeit werben. Oft wird
behauptet, Subsidiarität sei Verfassungsprinzip. Der bundesdeut-
schen Verfassung, dem Grundgesetz, ist das Subsidiaritätsprinzip
ursprünglich jedoch fremd. Ältere Kommentare erwähnen das Subsidiaritätsprinzip allenfalls in Zusammenhang mit dem Föderalismus. Allerdings: »Föderalismus und Subsidiaritätsprinzip stehen in
keinem notwendigen Zusammenhang« [Hesse, S. 87].

Der Begriff taucht im Grundgesetz erstmals durch eine Verfas-
sungsänderung im Jahr 1992 auf – im »Europa«-Artikel 23, der den
alten Art. 23 ersetzte (Geltungsbereich des Grundgesetzes in den
westlichen Bundesländern), wonach die Europäische Union unter
anderem demokratischen, sozialen, rechtsstaatlichen Grundsätzen
und dem Grundsatz der Subsidiarität verpflichtet ist. Nach Artikel 23, Absatz 1a, haben Bundestag und Bundesrat Klagerecht vor
dem Europäischen Gerichtshof (EuGH), wenn Gesetzgebung der EU
gegen das Subsidiaritätsprinzip verstoßen sollte.

Die Privatisierung von Post und Bahn, die Ausweitung von La-
denöffnungszeiten, die Zulassung privater Anbieter im bisher aus-
schließlich öffentlich-rechtlichen Funk und Fernsehen, die »Deregulierung« des Arbeitsmarkts, die Senkung des Spitzensteuersatzes von
56 % (1982) auf 53 % 1990 (ab zu versteuerndem Jahreseinkommen
von 130.000 DM), vor allem aber die Neuorganisation der Wohlfahrtspflege nach marktliberalen Vorgaben machten bald deutlich,
dass »Selbst- und Nächstenhilfe füreinander« in Zukunft immer
wichtiger werden würde.

Das Pflegeversicherungsgesetz vom 26. Mai 1994 brach mit der
jahrzehntealten Tradition, wonach die wohlfahrtsstaatliche Versorgung in Deutschland aufgeteilt war zwischen staatlichen oder
kommunalen Stellen als Träger oder Auftraggeber und den gemeinnützigen Wohlfahrtsverbänden als denjenigen, die hauptsächlich

die Leistungen erbrachten. Mit der Öffnung des »Markts« der wohlfahrtsstaatlichen Leistungen für privatgewerbliche Anbieter erhoff-
te sich die Politik, »Leistungsreserven bei den Leistungserbringern
(Anbietern) freizusetzen und die Kosten der sozialen Dienstleis-
tungserbringung insgesamt zu senken« [Dahme/Kühnlein, S. 42].

Das bisherige Kostendeckungsprinzip, das den Verbänden einigermaßen großzügige finanzielle Gestaltungsmöglichkeiten erlaubte,
wurde durch Fallpauschalen und auszuhandelnde Leistungsentgelte
ersetzt, die in Versorgungsverträgen festgelegt werden. Die Folgen
sind bekannt: Bei der Pflege alter Menschen wird seither jeder Hand-
griff im Minutentakt berechnet.

>Für jede Leistung gibt es einen bestimmten Betrag und eine soge-
nannte Vorgabezeit. Für das Kämmen und Rasieren eines Patienten
bekommt der Pflegedienst 3,07 Euro. Die Vorgabezeit ist vier Minuten. Braucht ein Pfleger zehn Minuten, ist das kein Problem, wenn es
mal passiert. Passiert es öfter, kann der Dienst nicht mehr kostende-
ckend arbeiten« [Lübke].

Durch die Ökonomisierung des Sozialen sind alle »Leistungser-
bringer«, freigemeinnützige Verbände wie gewerbliche Anbieter,
gezwungen, nach betriebswirtschaftlichen Erfolgskriterien zu handeln, Kosten müssen durch Effektivität und Effizienz niedrig gehalten werden. Das führt nicht nur dazu, dass in diesen personal-
intensiven Bereichen notorisch schlecht bezahlt wird. Es hat vor
allem dazu geführt, dass humane Umgangsformen, Zuwendung
und Einfühlungsvermögen zwischen professionell Pflegenden und
Pflegebedürftigen, zumindest in der Altenpflege, weitgehend wegrationalisiert wurden.

Da schlägt dann natürlich die Stunde der Freiwilligen, die das gewährleisten, was die sozialen Berufe einmal, vor allem für Frauen,
attraktiv machte, die fürsorgliche Arbeit an und mit Menschen. Die
wird jetzt von ehrenamtlichen Besuchsdiensten, »Alltagsbegleitern«
oder »Grünen Damen« geleistet.

Die Hoffnung, mit diesen und weiteren »Reformen«, wie den
Einschnitten bei den Renten, die Sozialausgaben zurückfahren zu

können, erfüllte sich nicht. Der Sozialetat steigt Jahr um Jahr, von 400 Milliarden Euro 1991 auf 918 Milliarden 2016 bis vermutlich auf eine Billion in 2021. Die Sozialleistungsquote, der Anteil der Sozial-ausgaben am Brutto-Inlandsprodukt, stieg dagegen kaum.

Für die Steigerung in absoluten Zahlen gibt es mehrere Gründe. Die von marktradikaler Seite immer wieder behauptete »Versor-gungsmentalität« (statt »Eigenverantwortung«) breiter Bevölkerungs-schichten gehört nicht dazu. Kostentreiber im Gesundheitswesen sind die Pharmaindustrie und die Fortschritte in der Medizintechnik. Auch der Demografiefaktor, die steigende Zahl alter Menschen, die Versorgung von Geflüchteten und ihre Integration, so mangelhaft sie sein mögen, wirken sich aus. Für die Steigerung in absoluten Zahlen sind aber nicht zuletzt die »Reformen« selbst verantwortlich:

Privatisierung und Deregulierung, die Schaffung eines großen Niedriglohnbereichs, der von staatlicher Seite durch »ergänzendes Arbeitslosengeld« (»Aufstocker«) subventioniert wird, der Rückzug des Staates aus dem sozialen Wohnungsbau mit der Folge steigen-der Mieten, die wiederum durch Wohngeld aus staatlichen Kassen subventioniert werden, über Jahre immer weitere Rentenkürzungen – das alles hat zur Armut und prekären Lebensverhältnissen vieler Menschen beigetragen, aber auch dazu, dass der Sozialetat durch Subventionierung von Grundbesitz und Niedriglohn-Arbeitsmarkt aufgebläht wurde. Die Zahl der Bedürftigen steigt, während zugleich Steuersenkungen die Finanzierungsbasis der sozialen Sicherung geschwächt haben. Die Ausgleichsfunktion geht verloren, mit der der Sozialstaat die im kapitalistischen Wirtschaftssystem ansonsten zwangsläufige Konzentration des gesellschaftlichen Reichtums bei Wenigen abmildert und damit gesellschaftliche Gestaltungsmacht ausübt.

Aber Rettung ist nah: »Selbst- und Nächstenhilfe« heißt das Pflaster, mit dem die Wunden versorgt werden, die das Prinzip »Pri-vat vor Staat« dem Gesellschaftskörper zufügt.

Gisela Notz zitiert Helmut Kohl mit dem Satz: »Nur wenn ver-stärkt Menschen helfen, wächst die Qualität unseres Gemeinwesens«

[Notz, S. 52]. Folgerichtig setzte die Regierung bald nach Amtsantritt Kohls eine Motivierungskampagne für mehr Ehrenamtlichkeit in Gang. Unter dem Motto »Reden ist Silber, Helfen ist Gold« schrieb das Bundesfamilienministerium einen Wettbewerb um die erfolgreichsten Methoden zur Rekrutierung Ehrenamtlicher aus, an dem sich alle großen Wohlfahrtsverbände beteiligten.

Bundesweit entstanden die ersten Kontaktstellen zur Vermittlung von Ehrenamtlichen und man warb um das »brachliegende gesellschaftliche Engagement« und das »Kräftepotenzial von Frauen in der Lebensmitte«, wie es 1986 in einer Ausgabe der *Blätter für Wohlfahrtspflege* hieß. »Eine Motivierungsaktion jagte nun die andere« [Notz, S. 52 f.].

Die christdemokratisch regierten Bundesländer mischten kräftig mit. Die Westberliner Senatsverwaltung für Soziales unter *Ulf Fink* (CDU) warnte bereits 1984 davor, sich allein auf den Staat zu verlassen, und appellierte an »das persönliche Engagement des Einzelnen« für die Mitmenschen. Die bayerisch-sächsische *Kommission für Zukunftsfragen* aus den Jahren 1996/97 empfahl, die in der Gesellschaft wahrnehmbaren Individualisierungsprozesse durch die verstärkte Schaffung *sozialen Kapitals* auszugleichen, womit die Kommission alle Formen ehrenamtlicher Betätigung meinte.

Ein Ruck geht durch Deutschland
Nach der Wiedervereinigung 1990 erlebten die westlichen Bundesländer zunächst einen Wirtschaftsboom, der aber abflaute, als die flächendeckende De-Industrialisierung im Osten Deutschlands die Arbeitslosenzahlen anwachsen ließ, der internationale Wettbewerb seitens neuer, vor allem asiatischer, Wirtschaftsmächte schärfer wurde, einfache Industriearbeiten und bald auch Dienstleistungen vom »Hochlohn-Land« Deutschland in andere Länder ausgelagert wurden.

Bereits wenige Jahre nach der Wiedervereinigung hatte sich daher eine pessimistische Stimmung verbreitet, aus der Bundespräsident *Roman Herzog* mit seiner berühmten »Ruck-Rede« von 1997 das Land herausreißen wollte. Herzog vermischte darin Warnungen vor

einer Krise der sozialen Sicherungssysteme (wegen hoher Arbeitslosenzahlen und der Überalterung der Bevölkerung) mit düsteren
Zukunftsprognosen über die weitere »Freisetzung« von Arbeitskräf-
ten durch technologische Neuerungen, die Deutschland andererseits
zu verschlafen im Begriff sei, denn man sei technologisch zurückgefallen und verpasse die Zukunft ... Herzog machte Überregulierung
und Überbürokratisierung als Hemmschuhe aus, ebenso – wieder
einmal – den angeblich ausufernden Sozialstaat. Dem »Leitbild des
ewig irritierten, ewig verzweifelten Versorgungsbürgers« stellte Herzog die Vision eines mutig in die »Informations- und Wissensge-
sellschaft« aufbrechenden Landes entgegen. Der Historiker *Joachim
Radkau* urteilt:

> »Aus der Rückschau liest sich die Rede wie eine Ouvertüre zur ›Agen-
> da 2010‹; und in beiden Fällen gibt es Hinweise auf den Einfluss der
> Bertelsmann-Stiftung, deren unternehmerfreundlichen Deregulierungs-
> Präferenzen Ruckrede wie Agenda weithin entsprachen ...« [Radkau,
> S. 364].

Es ruckelt richtig – Schröder, Blair, Eichel, Hartz

Die rot-grüne Bundesregierung Schröder/Fischer mit *Oskar Lafontaine* als Finanzminister nahm ab 1998 zunächst einige der von der
Vorgänger-Regierung umgesetzten neoliberalen Reformen zurück.
So wurden der Kündigungsschutz wieder gestärkt und prekäre Beschäftigungen unterhalb der Versicherungspflichtgrenze Anfang
1999 zunächst stark eingeschränkt. Aber bereits ein Jahr später betrieb der Bundeskanzler und SPD-Parteivorsitzende – Lafontaine
war inzwischen von allen politischen Ämtern zurückgetreten – gemeinsam mit dem britischen Regierungschef im sogenannten
Schröder-Blair-Papier die Öffnung der europäischen Sozialdemokratie für neoliberales Gedankengut.

Der Kanzler wies seiner Partei den Weg zur *Neuen Mitte*, indem
er von *New Labour* den Gedanken eines angeblich *Dritten Wegs* zwischen neoliberalem Kapitalismus und klassischer Sozialdemokratie
übernahm. Dass dieser Weg bald schon eindeutig in Richtung neo-

liberaler Kapitalismus abbiegen würde, konnte man dem weiteren Text entnehmen.

Die »neuen Wege zur sozialen Gerechtigkeit« seien nicht vom Staat oder den Regierungen zu beschreiten, sie zu betreten liege vielmehr in der »Eigenverantwortung und Leistungsbereitschaft« der Individuen. Und »die Verantwortung des Einzelnen in Familie, Nachbarschaft und Gesellschaft kann nicht an den Staat delegiert werden« – offensichtlich eine Absage an die lange sozialstaatliche Tradition Deutschlands, für die die SPD, trotz Annäherungen an die soziale Marktwirtschaft in der Nachkriegszeit, immer noch stand.

In einem ebenfalls um die Jahrtausendwende im SPD-Theorieorgan *Neue Gesellschaft/Frankfurter Hefte* erschienenen Aufsatz Schröders ist die Rede von einem »Verantwortungsimperialismus« des Staates gegenüber der Gesellschaft, der angeblich zur »Abschaffung des Politischen« beigetragen habe. Jetzt komme es darauf an, »den Beitrag jedes Einzelnen zur Gestaltung seines eigenen und des gesellschaftlichen Lebens« einzufordern [Schröder 2000].

Rechtsanspruch auf öffentlich finanzierte soziale Dienste? Eine staatlich garantierte Fürsorgepflicht für Schwache? Solidarität nicht nur als Parole für Sonntagsreden, sondern als Fundament der Sozialpolitik, wie es trotz mannigfacher Änderungen bis 2004 das Bundessozialhilfegesetz BSHG garantierte? (Zum notwendigen Lebensunterhalt gehörten nach § 12 BSHG Ernährung, Unterkunft, Kleidung, Körperpflege, Hausrat, Heizung und persönliche Bedürfnisse des täglichen Lebens, insbesondere auch eine kulturelle Teilhabe.)

Das sahen Schröder und sein Gesinnungsfreund Blair ganz anders. Hatte Kohl die Menschheit noch aus den Klauen eines angeblich autoritären und dirigistischen Sozialstaats befreien wollen, so setzte Schröder mit dem Wort vom »Verantwortungsimperialismus des Staates« noch einen drauf und geißelte (viele plapperten es nach) eine angebliche Anspruchshaltung gegenüber dem Sozialstaat: Das »Sicherheitsnetz aus Ansprüchen«, so der Schröder-Blair-Neusprech, müsse in ein »Sprungbrett in die Eigenverantwortung umgewandelt werden« [Schröder/Blair].

Alsbald machten sich der »Genosse der Bosse« und seine Regierungsmannschaft daran, diese Theorie in die politische Praxis umzusetzen. Steuersenkungen auf breiter Front gleich zu Beginn des neuen Jahrtausends sollten nach dem Reaganomics-Konzept das Wirtschaftswachstum ankurbeln. So sank der Spitzensteuersatz, der noch zu Kohls Zeiten 53 Prozent betragen hatte, auf 42 Prozent des zu versteuernden Einkommens. Noch einschneidender waren die Steuererleichterungen für Unternehmen und Kapitalbesitzer. Die Körperschaftssteuer wurde auf 25 Prozent abgesenkt, Gewinne aus Veräußerungen von Anteilen an Kapitalgesellschaften wurden von Abgaben befreit.

Aber selbst dieses größte Steuersenkungsprogramm der Nachkriegsgeschichte mit zweistelligen Milliardengeschenken an Großunternehmen und Banken machte allein keinen anständigen Neoliberalismus. Es fehlte noch die Eindämmung von Staatsausgaben. Die hatte Bundesfinanzminister *Hans Eichel* als Nachfolger Lafontaines bereits 1999 als das »größte Sparpaket aller Zeiten« angekündigt. Kindergeld- und Wohngeldzahlungen wurden auf Länder und Kommunen verlagert, Rentenerhöhungen begrenzt und »Nullrunden« für die Beschäftigten im öffentlichen Dienst verkündet.

Last not least gehört die Privatisierung öffentlicher Dienstleistungen zur gelungenen gesellschaftlichen Transformation nach neoliberalem Rezept. Der *schlanke Staat* sollte sich als weiterer Erfolgsfaktor im internationalen Wettbewerb positionieren. Die Regierung Schröder sah darin ihren Beitrag zur Umsetzung der sogenannten Lissabon-Strategie, die die EU-Staats- und Regierungschefs im März 2000 beschlossen hatten: Die EU sollte zum wissensbasierten, dynamischen und damit wettbewerbsfähigsten Wirtschaftsraum der Welt werden. Eine Folge war die weitere Öffnung des Sozialen für privatwirtschaftliche Interessen, die bereits mit der Pflegeversicherung unter Kohl 1994 eingeleitet worden war.

Der vielzitierte Satz des einstigen Bundesministers für Arbeit und Sozialordnung *Norbert Blüm* (CDU), »die Rente ist sicher«, galt dank zahlreicher Einschnitte längst nicht mehr für alle. Die Rentenkürzungen sollten durch die sogenannte *Riester-Rente* kompensiert werden, eine mit privatwirtschaftlichen Versicherungsunternehmen abzuschließende Zusatzversicherung.

Das »Sprungbrett in die Eigenverantwortlichkeit« sollten aber vor allem Arbeitslose und sonstige Bedürftige betreten. Mit Hilfe der Bertelsmann-Stiftung und des VW-Personalvorstands *Peter Hartz* hatte der Kanzler es alsbald gezimmert. Die »Gesetze für moderne Dienstleistungen am Arbeitsmarkt« traten am 1. Januar 2005 in Kraft, lösten BSHG und Arbeitsförderungsgesetz ab und bedeuteten für viele ein Sprungbrett – aber weniger in die Eigenverantwortung als vielmehr in prekäre Lebensverhältnisse und in Armut: Ausweitung prekärer Beschäftigungsverhältnissen durch Befristung, Leiharbeit, Arbeit unterhalb der Versicherungspflichtgrenze und Scheinselbstständigkeit führten alsbald zu einer enormen Vergrößerung des Niedriglohn-Sektors. Zynischerweise wurde das dem Publikum als »Beschäftigungsförderung« verkauft und mit dem ständigen Verweis auf angebliche Sachzwänge der Globalisierung gerechtfertigt.

Mit den Hartz-Gesetzen war eine weitere unverzichtbare Zutat zur neoliberalen Transformation von Staat und Gesellschaft geleistet. Der für eine sozialdemokratische Partei doch etwas gewöhnungsbedürftige Gedanke, den Schröder von Blair (oder von der Bertelsmann-Stiftung – der marktradikale *mainstream* ist um die Jahrtausendwende allgegenwärtig) übernommen hatte, wonach der Staat sich aus der Aufgabe, die Gesellschaft zu gestalten, zurückziehen müsse, war nach diesen Reformen bereits ein gutes Stück weit Realität geworden. Der Staat, der großzügig auf Steuereinnahmen verzichtete, hatte damit auch auf Gestaltungsmacht verzichtet.

Lohnsenkungen, Verschlechterung der wirtschaftlichen Lage breiter Bevölkerungsschichten, Einschränkungen und Abbau kommunaler Infrastruktur, Verlust an sozialer Sicherheit – diese Folgen ihrer »Modernisierungspolitik« ließen die Regierenden keineswegs unberührt. Den Ausweg aus dieser misslichen Nebenwirkung der Staatsverschlankung hatte ja schon Helmut Kohl gewiesen: »Mehr

Selbst- und Nächstenhilfe der Bürger füreinander«. Mit der These
von der Verantwortung des Einzelnen in Nachbarschaft und Gesellschaft hatte die Schröder-SPD ideologisch zu den Subsidiari-
täts-Grundsätzen der CDU aufgeschlossen, zur Ideenwelt der katholischen Soziallehre des 19. Jahrhunderts, auch wenn Schröder sich
redlich mühte, seine »zivile Bürgergesellschaft« als ultramodernes
Heilmittel gegen Politikverdrossenheit und Globalisierungsängste
darzustellen [Schröder 2000]. Der Publizist *Matthias Grefrath* fasste
am Ende der Ära Schröder die Ergebnisse so zusammen:

> »Die Demontage öffentlicher Einrichtungen, medizinischer Ver-
> sorgungsniveaus und solidarischer Versicherungssysteme treibt die
> (noch) zahlungsfähigen Mittelschichten immer stärker in individuelle
> Lösungen für sich und ihre Kinder. Das höhlt den Sozialstaat weiter
> aus. Zusammen mit dem Streit über die Anspruchsberechtigung der
> Überflüssigen wird so der Boden für Populismus von oben wie von
> unten bereitet. (...) Viele der unter Dreißigjährigen haben die Vor-
> stellung von einer ›Welt als Markt‹ schon verinnerlicht und sich in der
> neuen Unsicherheit eingerichtet« [Grefrath].

Bei Risiken und Nebenwirkungen – vertrauen Sie Ihren Ideologen!

Wenn Wohlfahrtsstaat und öffentliche Daseinsvorsorge nicht mehr die wichtigsten Klammern einer Gesellschaft darstellen, muss der Zusammenhalt anders organisiert werden.

In den USA hatte sich dank der einseitigen Begünstigung der Kapitalinteressen unter Präsident Reagan die soziale Ungleichheit zwischen Spitzenverdienern und Einkommensschwachen seit 1980 rasant vergrößert. Aber ein vermeintliches Heilmittel trat dort fast gleichzeitig auf den Plan: Der *Kommunitarismus*. Der Soziologe *Amitai Etzioni* und andere US-amerikanische Akademiker gelten als Vertreter dieser politisch-philosophischen Bewegung. Kommunitaristen setzen dem Individualismus und der Ellenbogen-Mentalität der vom Zügel gelassenen Broker, Banker und Investoren die Rückbesinnung auf die Gemeinschaft entgegen. Werte eines guten Familienzusammenhalts, wie Verantwortungsgefühl und Zurückstellung des Eigeninteresses, dienen, so der Gedankengang, auch dem Zusammenhalt anderer *communities,* beginnend mit guter Nachbarschaft. Diese Werte gelte es wieder zu beleben und ihre integrative Kraft für größere Gemeinschaften zu nutzen, bis hin zur Gesellschaft insgesamt, um Egoismus, gesellschaftliche Kälte, Kriminalität und Korruption zu bekämpfen.

Thema ist also nicht die Veränderung gesellschaftlicher Strukturen und politischer Machtverhältnisse oder die Einforderung öffentlicher Daseinsvorsorge für Abgehängte, sondern der eher moralische Appell an den sozialen Zusammenhalt auf der vor- und außerpolitischen Ebene. Auch wenn sich die Kommunitaristen als angebliche

Gegenbewegung gegen den überbordenden Individualismus des Neoliberalismus verstehen, ergänzen sich beide gut: Produzieren die Marktradikalen Elend am unteren Ende der Gesellschaft, so stehen die Kommunitaristen mit Spendendose und Suppenkelle bereit, dieses abzumildern.

Die Parallelen zwischen Kommunitarismus und dem Subsidiaritätsprinzip, wie es unter der Regierung Kohl in die politische Debatte der Bundesrepublik eingeführt wurde, sind deutlich. Ebenso sind die »neuen Wegen zur sozialen Gerechtigkeit« von Gerhard Schröder und Genossen anschlussfähig. Allen drei Ideologien gemeinsam ist, die Hilfs- und Unterstützungsfunktionen von Familien und Nachbarschaften nicht nur für das Binnenverhältnis dieser »Keimzellen der Gesellschaft« einzufordern, sondern für die Gesellschaft insgesamt. Nicht verwunderlich also, dass die kommunitaristische Botschaft bald auch in Europa gehört wurde.

Die diversen *Think Tanks,* die in Deutschland die gesellschaftliche Neuausrichtung angestoßen hatten und begleiteten, nahmen den Kampf an der ideologischen Front ebenfalls auf. Denn es reicht nicht, Steuern zu senken, soziale Netze zu kappen und privaten Unternehmen durch Übertragung öffentlicher Dienstleistungen neue Gewinnsparten zu erschließen. Man muss auch die Vorstellung in den Köpfen ändern, was eine gute und gerechte Gesellschaft ausmacht. Beides, die gesellschaftliche Transformation ebenso wie ihre weitgehende Akzeptanz bei Bürgerinnen und Bürgern, war Ziel einer großangelegten publizistischen Offensive. Wichtigster *Player* dabei: die Bertelsmann-Stiftung. Das ihr nahestehende *Centrum für angewandte Politikforschung* gab in Zusammenarbeit mit dem Bundesverband deutscher Banken 2001 ein »Deutschland-Trendbuch« heraus, in dem der Regierung das »Abrücken von der statusorientierten und transfergestützten Einkommenssicherung sowie Umschichtung der Sozialhaushalte und des Staatshaushalts zugunsten der sozialinvestiven Ausgaben« empfohlen wurde. Der Staat stehe sonst in der Gefahr, »aufgrund erhöhter Leistungserwartungen der Bürger« in die »Anspruchsfalle« zu tappen. Der »Sozialversicherungsstaat« müsse sich zu einem »Sozialinvestitionsstaat« wandeln. Das aber gehe nur über mehr »Eigenverantwortung« der »zivilen Bürgergesellschaft« (Kanzler Schröder hatte die Begrifflichkeiten bereits dankbar aufgegriffen), über soziales Engagement, das gezielt gefördert werden müsse. »Um Nachhaltigkeit zu erzielen, sind fortgesetzte Anstrengungen auf dem Gebiet der Engagementförderung nötig ...« [Roski, S. 81].

Man darf sich von Begriffen wie »Nachhaltigkeit« oder »Sozialinvestitionen« nicht täuschen lassen – es geht den Autoren darum, Rechtsansprüche auf soziale Absicherung abzubauen und im Gegenzug an die »Eigenverantwortung der Menschen« zu appellieren. Was für Arbeitslose ohne Geld übersetzt bedeutet, sich am eigenen Schopf aus dem Sumpf zu ziehen, etwa als Ich-AG oder in einem Ein-Euro-Job; für Menschen mit Geld lautet die Übersetzung zum Beispiel: eine gemeinnützige Stiftung gründen. Der Staat wurde ermahnt, Stiftungen und andere, demokratisch nicht legitimierte »Akteure der zivilen Bürgergesellschaft« zu fördern, zum Beispiel durch großzügige Steuerbefreiungen. Auch diese Botschaft war bereits bei den Regierenden angekommen, was die Trendsetter aber nicht hinderte, sie durch ständige Wiederholung möglichst vielen Menschen als alternativlos einzuhämmern. Damit war man weitgehend erfolgreich.

Zum Beispiel bei zahlreichen Vertretern der sonst eher im linken politischen Spektrum angesiedelten Sozialwissenschaften, die bald eine »Erschöpfung« des Sozialstaats diagnostizierten, welche nur mit verstärktem Bürgerengagement gerade im sozialen Sektor zu kompensieren sei: »Die Renten sind nicht mehr sicher, die Kosten der Arbeitslosigkeit enorm. Die gesetzliche Krankenversicherung ist überfordert. Die Ausgaben für Sozialhilfe strapazieren die Kommunen bis an die Grenzen«, befand der Sozialhistoriker Christoph Sachße [Sachße, S. 75].

Grundsätzliche Kritik an der Entfesselung des Kapitalismus, die diese »Erschöpfung des Sozialstaats« verursacht hatte, schien sich nach 1989, dem Ende der sozialistischen Staaten, zu verbieten. Andererseits – läutete nicht gerade die um die Jahrtausendwende boo-

mende IT-basierte *New Economy* das Ende der Industriegesellschaft
alten Stils ein und damit auch das Ende des Kapitalismus, wie man
ihn bisher kannte? Vielleicht bot sich hier die Chance eines *Dritten
Wegs* zwischen Kapitalismus und Sozialismus, nämlich eine Wende
weg von der bisherigen Zentrierung auf die Erwerbsarbeit? Automation und Digitalisierung hatten schon früher bei Denkern auf der
Linken zu Überlegungen geführt, die Menschheit könne sich nun
endlich aus der »Lohnsklaverei« befreien. Die durch Digitalisierung
langsam aber sicher schwindende Erwerbsarbeit gebe den Menschen
die große Chance, in selbstbestimmter Arbeit, ohne Erwerbszwang,
schöpferisch tätig zu werden [Gorz 1984]. Es bestehe die Chance
für eine Wende weg von der Erwerbsarbeit hin zu einer »Tätigkeitsgesellschaft«, gekennzeichnet durch fließende Übergänge zwischen
Normalarbeitsverhältnis, Selbstständigkeit, »Eigenarbeit« (Familie,
Hobby) und bürgerschaftlichem Engagement. Letzteres vor allem
sollte den gesellschaftlichen Individualisierungstendenzen durch die
Bildung »sozialen Kapitals« entgegenwirken.

Für diese und ähnliche Vorstellungen, an denen zahlreiche Soziologen, Sozialphilosophen, Publizisten und Politiker strickten, gab
es Beifall aus fast allen politischen Lagern. Konservative sahen An-
knüpfungspunkte an die Subsidiaritätslehre, wonach Eigenverantwortung Vorrang vor staatlichem Handeln hat. Feministinnen sahen
sich in ihrer Hoffnung auf gesellschaftliche Aufwertung der nicht
bezahlten, überwiegend durch Frauen geleisteten Haus- und Familienarbeit bestärkt, Teile der Linken begrüßten den vermeintlichen
Abschied von fremdbestimmter Lohnarbeit, alternative Ökonomen
sahen die Chance, die »einseitige Fixierung auf die Erwerbsarbeit«
für beendet zu erklären zugunsten der »informellen Ökonomie«, der
nichtmarktförmigen Tätigkeiten wie Hausarbeit, »Subsistenzarbeit«,
Schattenarbeit«, »Eigenarbeit« und ehrenamtliche Tätigkeiten. Ge-
meinsamer Konsens: Statt dem angeblich ohnehin nicht mehr für
alle erreichbaren »Normalarbeitsverhältnis« nachzutrauern, sollten
wir unsere Aufmerksamkeit verstärkt auf Werte wie Fürsorglichkeit,
Solidarität und Gemeinsinn richten und diese im Rahmen von Fa-

milie, Nachbarschaft, Initiativen oder Verbänden zum Wohle aller in praktisches Handeln umsetzen.

Die Ursache für den gesellschaftlichen Wandel, nämlich die gnadenlose Entfesselung der Marktkräfte, trat in den Hintergrund, konnte man doch scheinbar Mittel und Wege zur Linderung der Folgen aufzeigen – sei das Pflaster nun kommunitaristischer oder anthroposophischer Provenienz oder basiere es auf der katholischen Soziallehre.

Die Frage, ob nicht auch die Gratisarbeiterin in der Kleiderstube der Caritas oder bei der »Tafel« Geld für den eigenen Lebensunterhalt brauche, schien irrelevant, denn viele Fantasien über die »Tätigkeitsgesellschaft« setzten bewusst oder unbewusst das traditionelle Familienmodell voraus, wonach soziale Ehrenämter auch in Zukunft vor allem von Frauen getragen würden, deren Lebensunterhalt durch ihre Männer oder durch eine Witwenrente gesichert ist. Was aber, wenn im Sinne der »fließenden Übergänge« jetzt große Zahlen von Erwerbstätigen eine »Auszeit« für zivilgesellschaftliches Engagement nähmen, wenn Langzeitarbeitslose neue Beschäftigung und neuen Sinn im Dienst am Gemeinwohl fänden, ebenso wie Frührentner/innen, Mütter oder Jugendliche, wovon sollten sie den eigenen Lebensunterhalt dann bestreiten?

Hier kamen in den neunziger Jahren unter dem Stichwort *Dritter Sektor* weitere Vorschläge ins Spiel, zum Beispiel das Modell *Bürgerarbeit*, vom renommierten Soziologen *Ulrich Beck* propagiert. Freiwilliges soziales Engagement sollte demnach durch »Gemeinwohlunternehmer/innen« organisiert werden, die Dienstleistungen in der Altenpflege, bei der Flüchtlingsbetreuung oder im Kultursektor vermitteln sollten. Als Gegenleistung sollten alle, die darauf angewiesen waren, ein existenzsicherndes *Bürgergeld* erhalten, so Ulrich Becks Vorschlag, finanziert durch Umleitung von Geldern aus der Sozial- und Arbeitslosenhilfe und durch eine Zwangsabgabe internationaler Konzerne [Notz, S. 75 ff.].

Als Berechnungen von Wirtschaftsforschern bekannt wurden, wonach das »Bürgergeld« die öffentlichen Kassen erheblich stärker belasten würde als die damaligen Formen von Arbeitslosengeld, Arbeitslosenhilfe und Sozialhilfe, hörte man bald nichts mehr davon. Allerdings wurden »Bürgerarbeits«-Projekte in einigen Kreisen und Gemeinden in Nordrhein-Westfalen, Sachsen-Anhalt und Bayern als Modellprogramme initiiert.

Ehrenamtliches Engagement spielte in allen Varianten der postmodernen Gesellschaftsentwürfe die herausragende Rolle. Freiwilligenarbeit wurde zur kostbaren, möglichst zu vermehrenden Ressource erklärt, ihre Förderung zum wichtigen politischen Anliegen erhoben, da sich durch ihre Nutzung scheinbar gleich zwei der drängendsten Probleme lösen ließen: Zum einen werde Freiwilligenarbeit die durch den Abbau öffentlicher Dienste und die Einsparungen im Sozialsystem entstandenen Lücken füllen und so zum Zusammenhalt des Ganzen beitragen, zum anderen vermittle die selbstbestimmte Freiwilligen-Tätigkeit im Dienste des Gemeinwohls den (Erwerbs-) Arbeitslosen neue Identität und neuen Sinn.

Theorien rund um den Begriff *soziales Kapital* spielen ebenfalls eine Rolle, wenn es darum geht, Zusammenhalt oder Desintegration einer Gesellschaft zu erklären. Die Soziologen *Pierre Bourdieu* und *Robert D. Putnam* haben sich mit der Frage befasst, wie Kooperation, Gegenseitigkeit und gemeinsame Aktivitäten Individuen verbinden, wie derart geschaffenes soziales Kapital schließlich auch zur Integration größerer Gemeinschaften und ganzer Gesellschaften führt. Ob ehrenamtliche Arbeit auf breiter Basis diese »Kitt«-Funktion erfüllen kann, ist jedoch dann fraglich, wenn diese freiwillige Tätigkeit *zuvor* vorhandene öffentliche Dienstleistungen und soziale Netze ersetzen muss. Ländervergleiche zeigen einen Zusammenhang zwischen wohlfahrtsstaatlicher Struktur und bürgerschaftlicher Motivation. Aber genau anders herum als es die Propagandisten des freiwilligen Engagements gerne hätten: Der Abbau sozialer, staatlich finanzierter Infrastruktur ruft keineswegs mehr freiwillig Engagierte auf den Plan. Im Gegenteil: Die Engagementquoten der Bevölkerung sind in denjenigen Ländern hoch, die über eine gut ausgebaute staatliche bzw. kommunale soziale Infrastruktur verfügen. Demnach

kann man nicht davon ausgehen, dass Bürgerinnen und Bürger Einschränkungen oder den Ausfall sozialer Leistungen mit erhöhtem
Engagement ihrerseits kompensieren. Es gibt sogar einen negativen
Zusammenhang zwischen fehlenden oder spärlichen staatlichen Sozialleistungen und dem Grad des bürgerschaftlichen Engagements,
stellt auch der *Zweite Engagementbericht der Bundesregierung 2016*
fest [BMFSFJ 2016b, S. 16].

Soziales Kapital entsteht also nicht dadurch, dass Engagierte dort
einspringen, wo sich der Sozialstaat zurückzieht, weil das gemeinsam erwirtschaftete Kapital dieser Gesellschaft auf den Konten einiger Reicher in der Schweiz oder auf den Cayman-Inseln landet,
statt im eigenen Land Daseinsvorsorge für alle zu finanzieren. Die
Engagementbereitschaft in einer Gesellschaft ist umso größer, je besser die sozialen Sicherheitssysteme ausgebaut sind und je weniger
Ungleichheit herrscht. In den Veröffentlichungen von Putnam und
anderen ließ sich bereits 2001 nachlesen, dass die Motivation, sich
für ein Gemeinwesen zu engagieren, mit dem Wohlstand und der
Sozialstaatlichkeit wächst. Wenn es dagegen der Mehrzahl der Menschen schlecht geht und kein Sozialstaat sie auffängt, ist entweder
jeder sich selbst der Nächste. Oder man verlässt sich auf traditionelle,
vormoderne Hilfestrukturen wie Familiennetzwerke, Klientel- und
Clanbeziehungen [Putnam].

Das die postmodernen Gesellschaftsentwürfe der Jahrtausendwende begleitende Leitmotiv der Diffamierung des bisherigen Sozialstaats war also höchst unangebracht, störte aber die wenigsten.
Auch in der SPD war immer öfter die Rede davon, dass die »fürsorglichen Systeme« einer »bevormundenden Sozialbürokratie« durch
»Netzwerke der Selbsthilfe und Selbstorganisation« ersetzt werden
sollten. So befand die SPD-Grundwertekommission 2001:

> »Eine allzu große Abhängigkeit von Fremdleistungen, auch von im bes-
> ten sozialen Sinn organisierten öffentlichen Leistungen, birgt stets die
> Gefahr des Freiheitsverlustes in sich. Die Betreuung von der ›Wiege bis
> zur Bahre‹ kann nicht das Ideal der Sozialdemokratie sein, weil sie mit
> einer freien Gesellschaft letztlich nicht vereinbar ist« [Neumann, S. 380].

Engagementpolitik – der »ermöglichende Staat«

Während in der Kanzlerschaft Helmut Kohls die Bundesregierung in erster Linie Wohlfahrtsverbände, Sportvereine oder die kommunale Ebene als Träger von Engagementpolitik ansah, änderte sich das mit Antritt von Rot-Grün 1998.

Tätigkeitsgesellschaft, selbsttätige Gesellschaft, Bürgergesellschaft – aber ohne Staat geht es nicht; im Gegenteil, er muss den zivilgesellschaftlichen Aufbruch, den seine höchsten Repräsentanten fordern, »ermöglichen«, wie seit dem Antritt der Regierung Schröder immer wieder betont wird, soll heißen: Aufgabe des Staates ist es, die Ressource Engagement nutzbar zu machen, sie zu verstärken, zu verstetigen und sie in denjenigen Bereichen der Daseinsvorsorge einzusetzen, die angeblich nicht mehr mit öffentlichen Mitteln bedient werden können.

Auch der rührige Ideologie-Produzent Bertelsmann-Stiftung und andere warben dafür, das ehrenamtliche Engagement von Staats wegen zu fördern.

Die Enquete-Kommission
»Zukunft des bürgerschaftlichen Engagements«

Den Auftakt machte das Parlament. Ende 1999 setzte der Deutsche Bundestag eine Enquete-Kommission »Zukunft des bürgerschaftlichen Engagements« ein, je zur Hälfte aus Abgeordneten und Sachverständigen bestehend. Die Arbeitsaufgabe war fraktionsübergreifend Konsens:

»Bürgerschaftliches Engagement ist eine unverzichtbare Bedingung für den Zusammenhalt unserer Gesellschaft.« Und entsprechend sei der Staat gefordert, günstige Rahmenbedingungen für die Ausweitung des Engagements zu schaffen [Deutscher Bundestag 2002, S. 5]. Engagement im Sinne der Kommissionsmitglieder beinhaltet sowohl Selbsthilfe in entsprechenden Initiativen als auch das Aktivwerden zugunsten anderer im Rahmen von Vereinen oder Verbänden in Sport, Kultur, Freizeit oder Sozialem; es umfasst nach Meinung der Kommission sowohl das klassische Ehrenamt in der Kommunalpolitik oder als Schöffin wie auch das Stiftungs- und Spendenwesen. Bürgerschaftliches Engagement finde sich – *last not least* – in der politischen Mitgestaltung durch Parteien, Gewerkschaften und Bürgerinitiativen.

Gleich im Vorwort des Kommissionsberichts klingt also die seither nicht aufgelöste Mehrdeutigkeit des Begriffs Engagement an – die »Eigenverantwortung« für die eigene soziale Absicherung, die Mitverantwortung von uns allen für das Wohl bedürftiger Menschen in unserem Umfeld und in der Gesellschaft insgesamt, schließlich der Anspruch auf demokratische Mitbestimmung im Gemeinwesen. Diese Mehrdeutigkeit ist nach wie vor Kennzeichen von »Engagement« und dient dazu, je nach Bedarf »eigenverantwortliche«, moralisch-karitative oder demokratisch-partizipatorische Aspekte hervorzuheben. Das Abrücken von Staat und Kommunen von manchen bisher von ihnen organisierten und/oder finanzierten Dienstleistungen wird so geschickt mit einem basisdemokratischen Anspruch auf Beteiligung vermengt.

Mit dem Abschluss der Enquete-Kommission 2002 waren einige der fantasievollsten Zukunftsentwürfe wie Tätigkeitsgesellschaft oder Bürgergeld nicht mehr aktuell. Wahrscheinlich auch deshalb, weil die *New Economy*-Blase inzwischen geplatzt war und die Erwerbsarbeit im traditionellen Sinn sich entgegen den Erwartungen nicht in Luft aufgelöst hatte.

Von »Bürgerarbeit« für alle, mit oder ohne »Bürgergeld«, war nicht mehr die Rede. Stattdessen erkannte die Kommission, dass

»bürgerschaftliches Engagement (...) den Verlust des Arbeitsplatzes
nicht ersetzen« kann [Deutscher Bundestag 2002, S. 17].

Die Bürgergesellschaft

Das neue, durch den Kommissionsbericht ins Zentrum der Debatte
gerückte Ideologem hieß *Bürgergesellschaft*. Den Begriff hatte Bundeskanzler Schröder bereits in seinem politischen Manifest »Die
zivile Bürgergesellschaft« von 2000 benutzt [Schröder 2000]. Im Abschlussbericht der Kommission werden die Schröderschen Vorgaben
nach allen Seiten ausgelotet, vertieft und erweitert.

Der Kommissionsvorsitzende Bürsch bezog sich dabei gern auf
Staatsvorstellungen des klassischen Altertums oder der italienischen
Stadtstaaten des Mittelalters. Letztere vor allem hätten als »Bürger-
kommunen« Strukturen demokratischer Selbstbestimmung geschaffen. Auch 2001 knüpfe der »aktive Citoyen Netze demokratischer
Selbstbestimmung«, zum Beispiel durch nicht staatliche Gruppierungen wie Freiwilligenagenturen, so Bürsch im Februar 2001 in
Bonn auf einer Veranstaltung der Friedrich-Ebert-Stiftung anlässlich
des von der UNO ausgerufenen *Internationalen Jahrs der Freiwilligen*.
Wobei der Kommissionsvorsitzende offenbar vergaß, dass in diesen
früheren Staatsgebilden eine von der Reproduktion des täglichen Lebens weitgehend freigestellte Bürger- oder Kaufmannsschicht nicht
nur sich selbst verwaltete, sondern auch Herrschaft ausübte über
eine Mehrheit anderer, Unfreie, Tagelöhner, Handarbeiter, Frauen.

Die Kommission folgte Bürsch, indem sie *Bürgergesellschaft* definierte als »ein Gemeinwesen, in dem sich die Bürgerinnen und
Bürger nach demokratischen Regeln selbst organisieren und auf die
Geschicke des Gemeinwesens einwirken können« – der demokratisch-partizipatorische Aspekt [Deutscher Bundestag 2002, S. 15].
Doch die andere Facette, Abschied vom »Versorgungsbürger« (Roman Herzog), folgte sogleich:

> »Bürgergesellschaft heißt, sich von der Vorstellung der Allzuständig-
> keit des Staates zu verabschieden, zuzulassen und zu fordern, dass
> Bürgerinnen und Bürger in größerem Maße für die Geschicke des

Gemeinwesens Sorge tragen. Bürgergesellschaft ist eine Gesellschaft
selbstbewusster und selbstverantwortlicher Bürger, eine Gesellschaft
der Selbstermächtigung und Selbstorganisation« [Deutscher Bundestag 2002, S. 76].

Der Begriff »Selbstermächtigung« – *Empowerment* – wird in der
ideologischen Debatte rund ums Ehrenamt gern missbräuchlich
eingesetzt. Man kennt den Begriff aus der amerikanischen Bürgerrechtsbewegung und aus der Entwicklungszusammenarbeit, wo er
dazu dient, Landlose, Besitzlose, Frauen, ethnische oder religiöse
Minderheiten zu ermuntern, aktiv für ihre Rechte einzutreten, sich
Zugang zu Ressourcen zu verschaffen, für Arbeitsplätze zu kämpfen, Definitionsmacht in Anspruch zu nehmen und damit politische
Macht einzufordern. Auch in der Gemeinwesenarbeit spielt er eine
Rolle, wenn es darum geht, »Klienten« der Sozialarbeit zu befähigen,
Entscheidungsmacht zu gewinnen und damit Kontrolle über ihre Situation und ihr Leben. In der Engagementpolitik wird er dagegen
undifferenziert gegen die »anonyme Bürokratie« entwickelter demokratischer Industriestaaten in Stellung gebracht.

Dass das Konzept »Bürgergesellschaft« mit der Selbstermächtigung der Bürgerinnen und Bürger wenig zu tun hat, sondern dazu
dient, den Rückzug des Staates aus der Verantwortung für die Gestaltung des Gemeinwesens zu rechtfertigen, kam im Abschlussbericht
der Enquete-Kommission klar zum Ausdruck:

> »Unter dem Stichwort einer neuen Verantwortungsteilung wird in
> der Bürgergesellschaft mehr bürgerschaftliche Verantwortung von
> den Bürgerinnen und Bürgern erwartet – ohne dass dies vom Staat
> erzwungen wird. Die Idee der Bürgergesellschaft rechnet vielmehr mit
> einer freiwilligen Verantwortungsübernahme. (…) Formen der Selbst-
> verpflichtung werden umso notwendiger, je stärker sich der Staat von
> geltenden Regelungsansprüchen zurückzieht und Aufgaben, die nicht
> staatlich geregelt werden müssen, bürgerschaftlichen Akteuren über-
> antwortet. Deregulierung, Ermöglichung, Subsidiarität und der Ab-
> bau bürokratischer Strukturen als Elemente bürgergesellschaftlicher
> Reformen brauchen zu ihrem Gelingen ein Gegenstück: die innere

Haltung der Bürgerinnen und Bürger, für die Gemeinschaft aus einer freiwillig übernommenen Verantwortung etwas zu tun.« [Deutscher Bundestag, 2002; S. 77].

Auch dem Staat wird in der »Bürgergesellschaft« eine, wenn auch veränderte Rolle zugebilligt: Der Staat »ermöglicht die Selbstorganisation und die Eigenverantwortlichkeit der Bürgergesellschaft«, indem er zum Beispiel »den Bürgern Ressourcen zur Verfügung stellt, um die eigenen Angelegenheiten erfolgreich in die Hand nehmen zu können.« Der »ermöglichende Staat« wird an anderer Stelle des Berichts auch mit dem »ermunternden« oder »aktivierenden Staat« gleichgesetzt [Deutscher Bundestag 2002, S. 60 f.,76].

Lediglich das sachverständige Kommissionsmitglied *Roland Roth*, Politikwissenschaftler an der Hochschule Magdeburg-Stendal, drückte hier Distanz aus. In einem Sondervotum schrieb Roth:

»Mit dem insgesamt heterogenen Konzept des ›aktivierenden Staates‹ (...) werden oft Vorstellungen verbunden, die das Gegenteil von freiwilligem Bürgerengagement bedeuten. Dies gilt besonders für neue Formen des Arbeitszwangs und schlecht bezahlter Arbeit für die Bezieher sozialer Transferleistungen, die mit der Parole ›fordern und fördern‹ ›aktiviert‹ werden sollen« [Deutscher Bundestag 2002, S. 60].

Roths Befürchtungen wurden bald darauf von der »Hartz-Kommission« bestätigt. Die Gesetze unter dem Titel »Moderne Dienstleistungen am Arbeitsmarkt« (Hartz I–IV) »ermöglichen« den Arbeitslosen, »Eigenaktivitäten« zu entfalten; die Förderung durch die Arbeitsagentur, zum Beispiel durch Bewerbungstraining, führt aber umstandslos zur Forderung an die »Kunden«, praktisch jede Arbeit anzunehmen.

Mehr Absicherung, weniger Steuern für Ehrenamtliche
In den folgenden Jahren wurden einige Empfehlungen der Kommission zur Verbesserung der Rahmenbedingungen für Freiwilligenarbeit umgesetzt. So wurden, neben den schon früher abgesicherten öffentlichen Ehrenamtlichen (Schöff/inn/en, Ratsmitglieder, Rettungshelfer/innen u.a.), auch die im sozialen Bereich Engagierten der Wohlfahrtsverbände gesetzlich unfallversichert. Das gilt auch

für kurzfristig Tätige, etwa bei kommunalen Müllbeseitigungsaktionen. Außer für öffentlich Ehrenamtliche, die traditionell haftungsrechtlich abgesichert sind, ist die Lage beim Haftungsrecht weniger eindeutig: Ob sie bei der Ausübung ihrer ehrenamtlichen Tätigkeit haftpflichtversichert sind oder nicht, müssen Engagierte mit den sie beschäftigenden Organisationen klären.

Auch steuerrechtliche Rahmenbedingungen wurden durch das 2007 vom Bundestag verabschiedete »Gesetz zur weiteren Stärkung des bürgerschaftlichen Engagements« verbessert. Seit dem 1. Januar 2013 sind Aufwandsentschädigungen im Zusammenhang mit einer gemeinnützigen Tätigkeit bis zu 720 Euro im Jahr steuerfrei (§ 3, Nr. 26a EStG). Für bestimmte Freiwilligenarbeit mit dem Charakter eines Nebenerwerbs gab es schon vor 2007 einen Steuerfreibetrag. Gegen die mehrheitliche Empfehlung im Abschlussbericht der Kommission wurde diese sogenannte Übungsleiterpauschale (§ 3, Nr. 26 EStG) in den folgenden Jahren erhöht, zuletzt 2013 auf einheitlich 2.400 Euro im Jahr. Die Sport-Lobby hatte sich wieder einmal durchgesetzt – auch wenn die erhöhte Pauschale z. B. auch Chorleiterinnen oder ehrenamtlich tätige Betreuungspersonen beanspruchen können.

In ihren Empfehlungen appellierte die Kommission an Unternehmen, flexiblere Arbeitszeiten und größere Freiräume zu schaffen, um Erwerbstätigen bürgerschaftliche Betätigung zu ermöglichen.

An Wohlfahrtsorganisationen und an staatliche und kommunale Verwaltungen erging die Aufforderung, sich gegenüber den ehrenamtlich Engagierten mehr zu öffnen, ihnen Mitsprache, Beteiligungs- und Entscheidungsrechte einzuräumen. Um mehr Menschen für ein entsprechendes Engagement zu motivieren, müssten, so die Kommission, partizipatorische Handlungsräume erweitert werden.

Die sind, je nach Tätigkeit der Freiwilligen, offenbar sehr unterschiedlich ausgestaltet. Während im Freiwilligensurvey von 2004 noch 76 Prozent der Befragten sagten, sie hätten ausreichende Möglichkeiten zur Mitbestimmung und Mitentscheidung, waren es im Survey von 2009 nur noch 68. Der Survey 2014 enthält die eher allgemeine Aussage: »Mehr als drei Viertel aller Engagierten bewerten ihre Mitsprachemöglichkeiten als sehr gut beziehungsweise eher gut.« Mit der Einschränkung allerdings, dass Mitbestimmungsmöglichkeiten »eher in den individuell organisierten Gruppen« vorhanden sind. Mit anderen Worten, Menschen, die sich in selbst organisierten Gruppen zusammenfinden, bestimmen natürlich in ganz anderer Weise über ihre Ziele und die Wege als Ehrenamtliche, die von Organisationen in einem vorher festgelegten Rahmen beschäftigt werden [Freiwilligensurvey 2014, S. 513].

Im Bundesfreiwilligendienst, der seit 2011 die Lücken füllt, die die Zivildienstleistenden nach Abschaffung der Wehrpflicht hinterlassen haben, wurden Ende 2013 erstmals die im Gesetz vorgesehenen Sprecher/innen gewählt, die die Interessen der Freiwilligen gegenüber Einsatzstellen, Trägern und Bundesbehörden wahren sollen.

Den Beginn einer (bundes-)staatlichen Engagementpolitik, den man an der Einsetzung der Enquete-Kommission 1998 festmachen kann, wertet Daniela Neumann zusammenfassend so:

»Ein (…) Blick auf die institutionellen Neuerungen zwischen 1998 und 2002 zeigt (… zudem), dass es bei diesen nicht – oder zumindest nicht in erster Linie – um die Förderung der demokratischen Dimension des freiwilligen Engagements ging, sondern um die Befriedigung der steigenden gesellschaftlichen Nachfrage nach Freiwilligenarbeit. Selbst bei den in diesem Zeitraum forcierten Maßnahmen zur Stärkung der Demokratie gegen Rechtsextremismus waren die Inhalte des Protests bereits vorgegeben und ergaben sich nicht aus dem kreativen Handeln der Bürger selbst« [Neumann, S. 198].

Engagementpolitik top down

»Ermöglichung« ist ein weites Feld, das die Engagementpolitik beackert und auf dem es keine kurzfristigen Erfolge gibt. Der »Leitgedanke einer Bürgergesellschaft als Kooperationsmodell von Staat, Wirtschaft und Zivilgesellschaft« habe sich bislang noch nicht durchgesetzt, bedauerte der Deutsche Bundestag am 19. März 2009 in einem Beschluss [Erster Engagementbericht, S. 5].

Der »ermöglichende Staat« setzt sich zum Beispiel zum Ziel, die vielen Tausend unterschiedlichen Organisationen und Initiativen, die mit der zivilgesellschaftlichen Wohlfahrtsproduktion beschäftigt sind, zu vernetzen und zu verknüpfen, damit sich »sorgende Gemeinschaften«, ja ganze »Engagementlandschaften« entwickeln, so entsprechende Wortkreationen aus der Ideologieküche.

Die Engagementpolitik auf oberster Bundesebene wird vom Bundesfamilienministerium koordiniert, dem 2002 die Querschnittsverantwortung für die gesamte Engagementpolitik der Bundesregierung übertragen wurde, gesteuert von der Zentralabteilung Engagementpolitik. Das diesem Politikbereich zugehörige Budget beträgt 323,6 Millionen Euro im Haushalt 2018, wovon über 200 Millionen für die Finanzierung des Bundesfreiwilligendienstes eingeplant sind. Insgesamt entspricht das 3,23 Prozent des Gesamthaushalts des Ministeriums von 10,2 Milliarden Euro [BMFSFJ 2018b]. Nicht mit berechnet ist das Programm »Demokratie und Vielfalt«, mit dem das Ministerium Initiativen gegen Islamismus und Rechtsextremismus unterstützt.

Das BMFSFJ ist aber nicht das einzige Bundesministerium, das Engagement finanziell fördert. So bezuschusst das Bundeslandwirtschaftsministerium seit 2017 drei Jahre lang das Projekt *Heimat Tafel* des Bundesverbands Deutsche Tafel e.V. mit jährlich 399.000 Euro [Tafel]. Das Bundesbauministerium hat im Rahmen des Förderungsprogramms *Soziale Stadt* für benachteiligte und strukturschwache Stadt- und Ortsteile sogenannte Verfügungsfonds aufgelegt zur Stärkung »lokaler Prozesse in der Quartiersentwicklung«. Ziel ist, »das gewünschte Engagement vor Ort zu motivieren und in einer Weise zu begleiten, dass daraus auch realisierte Projekte und schließlich Vorbilder und Erfahrungswissen für neues Engagement entstehen. Das in Verfügungsfonds bereitgestellte Geld dokumentiert dabei deutlicher als jeder Aufruf, dass Engagement willkommen ist« [Bundesamt für Bau-, Stadt- und Raumforschung]. Das Geld fließt wie immer bei solchen Programmen freilich nur, wenn private oder kommunale Ko-Finanzierung stattfindet.

Die Grundzüge der staatlichen Engagementpolitik auf Bundesebene haben sich von Rot-Grün über die erste Regierung Merkel, über Schwarz-Gelb bis zur aktuellen Großen Koalition mehr oder weniger unverändert weiter entwickelt. Als Grundlage der Politik kann weiterhin der Ausspruch der damaligen Bundesfamilienministerin *Ursula von der Leyen* gelten: »Bürgerschaftliches Engagement ist die Triebfeder für die Zukunft unserer Gesellschaft« [BMFSFJ 2009].

Das sehen auch die meisten Landesregierungen ähnlich. Seit dem 1. Januar 2014 steht die Förderung des ehrenamtlichen »Einsatzes« *(sic)* als Staatsziel in der Bayerischen Verfassung (Art. 121, Satz 2), seit 2015 in der Landesverfassung Baden-Württembergs: »Der Staat, die Gemeinden und die Gemeindeverbände fördern den ehrenamtlichen Einsatz für das Gemeinwohl, das kulturelle Leben und den Sport unter Wahrung der Autonomie der Träger« (Art. 3c, Abs. 1). Hessen plant ebenfalls eine entsprechende Ergänzung der Landesverfassung. Rheinland-Pfalz leistet sich einen Beauftragten für ehrenamtliches Engagement, Baden-Württemberg gar eine Staatsrätin für Zivilgesellschaft und Bürgerbeteiligung.

»Schöne Neue Welt« – Governance

Viele Freiwillige handeln aus moralischen, vielleicht aus einem christlichen Hintergrund hergeleiteten Impulsen. Aber moralische, vor allem aus religiösen Werten herrührende Appelle ziehen nicht mehr unbedingt. Allgemeingültiger lassen sich Ehrenamtlichkeit und Freiwilligkeit rechtfertigen, wenn man sie als tragende Elemente einer neuen Vorstellung von Gesellschaft beschreibt, einem neuen Verhältnis von Staat, Gesellschaft und Ökonomie, wie es auch bereits im Begriff der Bürgergesellschaft anklingt.

Modernisierungs-Modelle für staatliches Handeln sind seit längerem unter dem englischen Begriff *Governance* weltweit in Mode. Es geht darum, die Effizienz und Effektivität von Verwaltungen zu erhöhen, indem Steuerungs- und Regelsysteme, Strukturen und Abläufe nach betriebswirtschaftlichen Kriterien durchleuchtet und optimiert werden. Gleichzeitig soll die Akzeptanz von Verwaltungshandeln erhöht werden. Dies soll durch Partizipation geschehen, der Teilhabe von Bürgerinnen und Bürgern an Entscheidungsprozessen.

Die Bürgergesellschaft, also das zivilgesellschaftliche Engagement möglichst vieler Menschen, spielt in Governance-Vorstellungen aus zwei Gründen eine wichtige Rolle. Zunächst bedeutet freiwilliges Engagement in der Lesart der Apologeten der Bürgergesellschaft ja nichts weniger als demokratische Teilhabe, gar »Selbstermächtigung«. Andererseits braucht man natürlich die Freiwilligen, weil die sonstigen Ziele der meisten Governance-Modelle – schlanke Verwaltung durch die Verlagerung staatlicher bzw. öffentlicher Dienste auf privatwirtschaftliche, an Gewinn orientierte Unternehmen – Versorgungsdefizite entstehen lassen, die irgendwie kompensiert werden müssen.

Anders als in klassischen Staats- und Verwaltungsvorstellungen spielt der Staat in Governance-Modellen bei der Lenkung und Steuerung gesellschaftlicher Prozesse nicht mehr die ausschlaggebende Rolle. Staat und Kommunen sind nach diesen Vorstellungen lediglich gleichberechtigte »Akteure« unter anderen: Familie, Nachbarschaft, Markt, Sozialversicherungsträger, Non-Profit-Organisationen, gewerbliche Anbieter sozialer Dienste, aber auch Unternehmen, die sich im Rahmen von *Corporate Social Responsibility* einbringen – last not least: die ehrenamtlich/freiwillig Engagierten. Das erwünschte Ergebnis dieser komplexen Vernetzung unterschiedlicher »Akteure« heißt dann im Engagement-Jargon »Wohlfahrtsproduktion«.

Governance soll Verwaltungen demokratischer und transparenter machen, aber natürlich auch effektiver – und kostengünstiger. Je nach Bedarf wird der eine oder der andere Pol stärker in den Vordergrund gerückt.

Den bürgerschaftlich Freiwilligen kommt in allen *Governance*-Varianten eine Schlüsselrolle zu, angeblich nicht so sehr, weil man auf die (kostengünstige) Arbeit der Engagierten dringend angewiesen ist, sondern aus demokratiepolitischen Gründen (zumindest werden diese gern betont): Indem Staat, Kommunen und andere »Akteure« uns, den Engagement-Willigen, helfen, unseren Engagementwunsch umzusetzen, eröffnen sie uns zugleich neue Wege der

Partizipation am Gemeinwesen, die der Sozialstaat bisher nicht ge-
boten habe: »Das Versprechen des Wohlfahrtsstaates, wie es in der
Phase der Expansion galt, ließ wenig Raum für aktive Bürgerschaft«
[Erster Engagementbericht, S. 52].

Der Begriff »aktive Bürgerschaft« enthält ebenso wie »Bürgergesellschaft« und andere verwandte Wortschöpfungen die schon
mehrfach erwähnte Doppeldeutigkeit: Einerseits des Versprechens
von Partizipation und Mitbestimmung über Prozesse und Inhalte
des Engagements und das Einbringen innovativer Vorstellungen,
wie zum Beispiel das Leitbild vom »mündigen Patienten«, das über
die Selbsthilfe-Bewegung im Gesundheitswesen bis auf die Schul-
medizin ausstrahlte. Andererseits: »Leistungsaktivierung« durch
fremdbestimmten Einsatz der Engagierten in den Bereichen, die von
staatlichen, kommunalen und verbandlichen Trägern nicht mehr
ausreichend finanziert werden. Der semantisch-symbolische Gehalt
basisdemokratischer Begriffe wird geschickt benutzt, um den Abbau
kommunaler und wohlfahrtsstaatlicher Infrastruktur zu bemänteln.

Einflussmöglichkeiten von Bürgerinnen und Bürgern außerhalb
von Parteien und Repräsentativgremien sind aber aller Erfahrung
nach beschränkt. Beteiligungsmöglichkeiten im Bau-, Planungs- und
Kommunalrecht wie frühzeitige Öffentlichkeitsbeteiligung, Runde
Tische, Moderationsverfahren, Planungszellen oder Bürgerhaushalte
sind wenig effektiv, sobald starke ökonomische Interessen, zum Beispiel von Projektentwicklern und Investoren im Spiel sind.

Dennoch werden die Propagandisten der »Bürgergesellschaft«
oder der »aktiven Bürgerschaft« nicht müde, von »Sphären der
Selbstermächtigung« zu schwärmen, die angeblich geschaffen werden, sobald die Bürger/innen »in die öffentliche Leistung und Auf-
gabenerfüllung eingebunden« sind, gleichberechtigt und angeblich
auf Augenhöhe mit Staat und Wirtschaft.

»Staatliches Tun soll dabei mit Eigeninitiative und Eigenverantwortung der Bürger verbunden werden und eine neue Leistungsaktivierung in allen Stufen der Wertschöpfungskette öffentlicher
Leistungen erzielt werden«, schreibt *Sebastian Braun*, Leiter des For-

schungszentrums für bürgerschaftliches Engagement an der Berliner Humboldt-Universität. »Entsprechende Schlagworte lauten: Leistungsaktivierung statt Leistungskürzung, Dialog statt Dekret, Koproduktion statt Verhandlung, Selbstorganisation statt hoheitliche Fürsorge oder neue Verantwortungsteilung statt Verantwortungsübertragung« [Initiative Neue Soziale Marktwirtschaft, S. 150].

Worum es eigentlich geht, drückte der damalige Bundespräsident *Christian Wulff* 2010 anlässlich der Ordensverleihung »Engagement in den neuen Ländern« so aus:

> »Unser Land braucht Menschen wie Sie, weil die Möglichkeiten des Staates begrenzt sind. Er ist auf die Kraft und das Engagement der Bürgerinnen und Bürger angewiesen. Das wird in den kommenden Jahren in noch weitaus stärkerem Maße als bisher der Fall sein« [Neumann, S. 224].

In der Folge des Begriffs »Bürgergesellschaft« werden immer neue, verwandte Begrifflichkeiten ausgebrütet. Von der Bürgerkommune über die Bürgergesellschaft, die solidarische Bürgergesellschaft zur Engagementlandschaft, die dank staatlicher und privater Geldflüsse aus vielen hundert Einzelinitiativen zusammenwächst und aus dem ganzen Land eine einzige »sorgende Gemeinschaft« macht. Der Sprachfantasie sind keine Grenzen gesetzt, wie ein schönes Beispiel aus dem Gutachten zum Ersten Engagementbericht der Bundesregierung 2012 zeigt:

> »Die Bürgerin bzw. der Bürger wird nicht nur als Leistungsempfänger und Konsument, sondern als aktiver, eigensinniger und relativ selbstbestimmter Koproduzent im System des gesellschaftlichen Bedarfsausgleichs betrachtet« [Erster Engagementbericht, S. 194].

Mit anderen Worten: Um den *Welfare-Mix* anzurühren, braucht es weitere Gratisarbeit.

Immer wieder spannend ist die Frage, wer aus dieser Sicht zum Kreis der »aktiven, eigensinnigen und *relativ* (Hervorhebung durch die Verfasserin) eigensinnigen Ko-Produzenten des gesellschaftlichen Bedarfsausgleichs« gezählt wird. Die Baumschützer, die sich im Rheinland gegen die endgültige Opferung des Hambacher Waldes zugunsten des klimaschädlichen Braunkohle-Abbaus engagieren? Die »Wutbürger«, die sich Woche für Woche vor dem Stuttgarter Hauptbahnhof postieren, um gegen dessen milliardenteure Verlegung ins Unterirdische zu protestieren? Die Hausbesetzer-Szene?

Erst in den letzten Jahren scheinen Formen politischen Protests gegen Umweltzerstörung, Gentrifizierung oder zweifelhafte Großprojekte überhaupt in das Gesichtsfeld der Engagementforschung zu treten. So erfragte der Freiwilligensurvey 2014 die Teilnahme an Bürgerinitiativen, Unterschriftensammlungen und Demonstrationen [Köcher/Haumann, S. 16].

Deutliche Kritik an der Blindheit bisheriger empirischer Forschungsergebnisse gegenüber Engagement mit »politischen Gestaltungsansprüchen« üben in einer Expertise zum Zweiten Engagementbericht *Paul-Stefan Roß* und *Roland Roth*:

> »Es fehlte ihnen von Anfang an einer differenzierten Bestandsaufnahme und Analyse der politischen Dimensionen des Engagements in Initiativen, Protesten und Beteiligungsformaten (…) Gerade über die alltäglich beobachtbaren Übergänge von Protest und Widerspruch zum Engagement und zur bürgerschaftlichen Koproduktion wissen wir wenig« [Roß/Roth, S. 232].

Formen von Protest und Widerstand als Teil von Engagement wahrzunehmen, heißt aber auch, sich mit der »dunklen Seite der Zivilgesellschaft« befassen zu müssen, also mit Formen und Forderungen, wie man sie aus »Pegida«-Aufmärschen kennt, mit Parolen, die zu Hass und Gewalt aufrufen und damit gegen Grundwerte wie Gewaltfreiheit und Achtung der Würde eines jeden Menschen verstoßen. Die vom Bundesfamilienministerium herausgegebene Kurzfassung des Zweiten Engagementberichts legt daher Wert auf die deutliche Abgrenzung des Begriffs Zivilgesellschaft »zu einem unzivilen, nicht förderungswürdigen Engagement von rechts« [BMFSFJ 2016b, S. 23].

Eine weitere Facette: »Ehrenamtliche können's einfach besser«

Einem Kinder- und Jugendtheater in einem Problemstadtteil Düsseldorfs gelang es so gar nicht, die Problem-Kids des Quartiers anzulocken, bis ein paar Ehrenamtliche die Sache in die Hand nahmen, die Jugendlichen direkt ansprachen, sie interessieren und einbinden konnten … (Vielleicht fehlte es der Stadt Düsseldorf am Willen und am Geld, das Theater z. b. durch einen in Gemeinwesenarbeit, aufsuchender Sozial- und Jugendarbeit qualifizierten *Streetworker* zu unterstützen?)

In einer kleinen westfälischen Gemeinde sei die örtliche Bücherei von einer meist übelgelaunten Bibliothekarin geleitet worden, so dass bald niemand mehr dort hingehen wollte … Nun betreiben Ehrenamtliche die Bücherei und diese werde wieder gut angenommen.

Diese und ähnliche Geschichten, gehört auf dem Buß- und Bettagsempfang der *Diakonie Ruhr* 2014 in Bochum, funktionieren nach immer gleichem Schema:

Um den Einsatz von Ehrenamtlichen zu rechtfertigen, wird professionelle Arbeit herabgesetzt, mangelnde Fähigkeiten oder problematische Persönlichkeiten unter hauptamtlichen Kräften müssen herhalten, um den Einsatz von Ehrenamtlichen in umso strahlenderem Licht erscheinen zu lassen.

Ehrenamt als Bestandteil von *Governance*-Konzepten gilt als Qualitätsmerkmal. Es dürfe nicht dazu dienen, den Rückbau des Sozialstaats zu kompensieren oder öffentliche Dienste zu ersetzen, wird ritualmäßig beteuert. Aber wenn dann doch die Ehrenamtlichen einspringen, läuft alles so viel besser. Die Bürgerinnen und Bürger brächten eine ganz eigene Kompetenz in die Abläufe von Verwaltungen, Schulen und sozialen Diensten ein, sie seien kreativ, innovativ, lebensnah und brächten frischen Schwung in so manche eingefahrene Routine.

»Warum sollen z. B. Schulen für eine Bereicherung des Lehrangebotes und des schulischen Lebens nicht die Mitmachbereitschaften und Engagementpotenziale von Eltern, Schülerinnen und Schülern sowie Vereinigungen und Unternehmen im Umfeld der Schule nutzen? Warum bemühen wir uns nicht stärker darum, etwa im Bereich der Kindertagesbetreuung Kinder und Eltern stärker in die Gestaltung der alltäglichen pädagogischen Arbeit einzubeziehen und

damit die Qualität dieser Einrichtungen zu verbessern?«, überlegte
der 2016 verstorbene ehemalige Vorsitzende des Sprecherrats des
Bundesnetzwerks Bürgerschaftliches Engagement, Thomas Olk. Verwaltungen müssten lernen, Bürgerinnen und Bürger nicht als Stör-
faktoren anzusehen, sondern die positiven Effekte des Engagements
wertzuschätzen und Hindernisse aus dem Weg zu räumen [Olk].

Konrad Hummel, ehemaliger Sozialdezernent der Stadt Augsburg
und ebenso wie Olk seit langem hauptamtlich in Sachen Ehrenamt
unterwegs, kritisiert die Verberuflichung von Diensten wie Schulso-
zialarbeit, Schuldnerberatung oder Suchtprävention, die seiner An-
sicht nach »mit klug vernetzten Ansätzen des Bürgerschaftlichen Engagements mehr, billiger und vernetzter zu haben« seien [Hummel].

Die Herabsetzung hauptamtlicher Tätigkeit, die hier mit-
schwingt, wirkt besonders verletzend in den Bereichen Soziales und
Pflege, in Berufen also, die vor allem Frauen wählen, weil sie in ihrer
Erwerbsarbeit mit Menschen zu tun haben wollen. Der damalige
Vorsitzende der katholischen deutschen Bischofskonferenz *Robert
Zollitsch* behauptete 2011, trotz professioneller Sozialsysteme sei das
freiwillige Engagement notwendig, »um ein Miteinander human zu
gestalten« [Zollitsch]. Die Propagandisten der Ehrenamtlichkeit sind
sich wahrscheinlich nicht bewusst, wie sehr sie damit Hauptamtli-
che herabwürdigen, bis hin zu der Aussage von *Sabine Ulonska* vom
Generalsekretariat des Deutschen Malteser Hilfsdienstes: »Menschliche Hilfe, das Menschliche, kann man nur mit Freiwilligen leisten«
[Ulonska].

Und bist Du nicht willig …

Die Appelle zur Aufnahme einer ehrenamtlichen Betätigung werden
immer wieder gern mit ein bisschen Katastrophenszenario gewürzt.
In die sozialen Brennpunkte der Städte sollen wir als Engagierte
gehen, fordert Bestseller-Autor *Richard David Precht,* dort »Kevin«
und »Achmed« Lesen und Schreiben beibringen und ihnen positive
Werte vorleben, weil sonst diese Schulabgänger ohne Abschluss sich
in den Problemvierteln der Städte Anerkennung auf andere Weise

holen, kriminell werden, unsere Gesellschaft und unseren Wohlstand bedrohen.

Andere Statements aus den Zentren der engagementpolitischen Mobilmachung gehen so weit, den Status als Bürgerin oder Bürger an die Bedingung zu knüpfen, sich mit freiwilliger Tätigkeit diesen Status im eigentlichen Sinn erst zu verdienen, wie es bereits Gerhard Schröder andeutete:

> »Aber der Konsument öffentlicher Dienstleistungen ist noch kein Staatsbürger, oder wie es im Englischen heißen würde: kein *citizen*. Um die Teilhabe zu stärken und die Potenziale der Gesellschaft zu entfalten, braucht es beides: den aktivierenden Staat und die am Gemeinwohl aktiven Bürger« [Neumann, S. 181].

Von da ist es nur noch ein Schritt bis zur Forderung nach einem sozialen Pflichtjahr für Schulabgängerinnen und für Neurentner, die sich ihre Rente quasi noch einmal erarbeiten sollen. Beides hat Richard David Precht wiederholt angeregt. Einstweilen steht dem noch der Artikel 12 des Grundgesetzes entgegen, der Zwangsarbeit verbietet.

Einen ähnlichen Ton schlägt der ehemalige baden-württembergische Ministerpräsident *Lothar Späth* an, der gemeinsam mit dem früheren McKinsey-Manager *Herbert Henzler* »eine zweite Währung für die Alterssicherung« vorschlägt: Zeit, in der man anderen Menschen hilft, kann man später, wenn man selber Hilfe braucht, in Anspruch nehmen:

> »Immer weniger Berufstätige müssen für immer mehr Rentner aufkommen. Gleichzeitig leisten wir uns eine gigantische Verschwendung: Viele alte Menschen, die körperlich und geistig noch fit sind, verbringen Jahrzehnte im recht inaktiven Ruhestand. Auf Dauer ruiniert das unseren Sozialstaat, wenn wir nichts tun. Herbert Henzler, Senior Advisor der Credit Suisse, langjähriger Unternehmens- und Politikberater, sowie der Politiker und Manager Lothar Späth machen in diesem Buch erfrischend konkrete Lösungsvorschläge: Heute geben, morgen nehmen: Neben dem Geld brauchen wir eine weitere Währung für die Altersvorsorge, nämlich Zeit: Für jede Stunde des

Helfens wird eine Stunde gutgeschrieben für den Fall, dass man später selbst Hilfe braucht. Bürger und Profis Hand in Hand: Wir brauchen bei den sozialen Diensten eine neue Balance zwischen Profis und
den Bürgern, die Mitmenschen helfen. Dazu gehören ein Dienstjahr
für die Jungen und ein Freiwilliges Soziales Jahr für die Senioren ...«
[Henzler/Späth].

Mit anderen Worten:

»Der Bürger, der die Folgen der Wirtschaftskrise nicht lindern kann,
ist selbst daran schuld. Hätte er doch ein Ehrenamt ergriffen! Hätte er
doch die Armen gespeist, die Arbeitslosen getröstet, den streunenden
Jugendlichen Lesen und Schreiben beigebracht! Die Verantwortung
für das scheiternde Ganze soll beizeiten dem Einzelnen angelastet
werden« [Jessen].

Die Goodwill-Industrie formiert sich

1993 gründete die Sozialpädagogin *Sabine Werth* in Berlin die erste »Tafel«, eine Abgabestelle für gespendete Lebensmittel nach dem Vorbild der *Food Banks* in den USA, wo verarmte Menschen schon länger im Straßenbild der Großstädte sichtbar waren. Für Deutschland jedoch waren die Tafeln damals neu – sieht man davon ab, dass es in den Dreißigerjahren des 20. Jahrhunderts Suppenküchen und Wärmestuben gab, in denen sich das Heer der Arbeitslosen in der Wirtschaftskrise mühsam über Wasser hielt. Heute bestehen in über 930 Städten und Gemeinden örtliche Tafel-Organisationen mit insgesamt 2.000 Ausgabestellen.

Der Dachverband der Tafeln ist somit einer der ganz großen *Player* in der deutschen Armuts-Ökonomie. Wenige hauptamtliche Mitarbeiter, vor allem aber rund 60.000 Ehrenamtliche geben Woche um Woche Lebensmittel an insgesamt 1,5 Millionen Menschen aus, die ihre Bedürftigkeit nachweisen (Hartz-IV-Bezug einschließlich »Aufstocker«, Grundsicherungsbezug, Zahlungen nach Asylbewerberleistungsgesetz) und einen geringen Eigenbeitrag entrichten müssen.

Was man in den Ausgabestellen an Obst, Gemüse, Joghurt oder Brot bekommt, ist nicht von schlechter Qualität. Supermärkte, Großhändler, Bäckereien, Discounter und Hotelküchen geben Lebensmittel ab, die kurz vor dem Verfallsdatum stehen oder wegen kleinerer Mängel, zum Beispiel einem braunen Fleck auf dem Apfel oder einer eingedrückten Nudelverpackung nicht mehr den hoch gezüchteten ästhetischen Ansprüchen der Konsumgesellschaft genügen. Eine Kunststoffschale mit vier Paprika würde samt Inhalt weggeworfen werden, wenn nur eine Frucht schrumpelig ist. Das Aussortieren rechnet sich für die Supermärkte nicht. Das erledigen bei den Tafeln die in der Mehrzahl weiblichen Helferinnen. Die großen Einzelhandelsketten kaufen ohnehin mehr Lebensmittel ein, als schließlich in den Regalen landen, dort wird jeweils nur das hübscheste Obst und knackigste Gemüse angeboten. Tafel-Kritiker *Stefan Selke* schätzt, dass Lebensmittelkonzerne zwischen 120 und 140 Prozent über dem realen Bedarf herstellen [Hartmann, S. 59]. Der Rest ist für den Müll bzw. wird »gespendet«. Ein gutes Geschäft für Großhändler und Supermärkte. Sobald der Transporter der örtlichen Tafel vorfährt, muss man sich um die Entsorgung des Überflüssigen nicht mehr kümmern, die Beseitigung von Paletten, Pappe, Verpackung und restlichem Bio-Müll bezahlt nicht der Spender sondern die Tafel. Allein die Berliner Tafel wendet Jahr für Jahr zwischen 26.000 und 40.000 Euro Spendengelder für die Müllbeseitigung auf [Hartmann, S. 51].

Und dann lohnt es sich vor allem wegen des sozialen Mäntelchens, das man sich umhängen kann. Die Handelskette REWE war von Anfang an größter Unterstützer der Tafeln und sponsert auch die Treffen des Tafel-Bundesverbands. Diese Image-Pflege hat REWE 2010 den »Deutschen Nachhaltigkeitspreis« eingebracht.

Aber es kommt noch besser: Im Herbst 2012 berichteten Medien, das Bundesfinanzministerium wolle Lebensmittel-Spenden steuerlich begünstigen. Mit den Ländern habe sich der Bund auf eine »Billigkeitsregelung« verständigt, wonach keine Mehrwertsteuer mehr für Lebensmittelspenden an Armentafeln verlangt werde. Seit 2012 verzichten die Finanzämter auf die Erhebung von Umsatz- bzw. Mehrwertsteuer auf Lebensmittel, die zum Ende der Haltbarkeit gespendet werden [Späth]. Ein weiterer Pluspunkt für REWE und Co., ein weiterer Schritt auf dem Weg der Gesellschaftsspaltung in abhängige Bedürftige und edelmütige Helfer. Armen zu helfen, wird von der individuellen Ausnahme in einer Notsituation zur institutionalisierten Dauerhilfe mit Steuerbefreiung.

»Mülltaucher«, Menschen, die ein Zeichen gegen die Überfluss-/ Wegwerfgesellschaft setzen wollen und noch genießbare Lebensmitteln direkt an Ort und Stelle aus den Abfall-Containern der Supermarktketten holen, müssen dagegen mit strafrechtlicher Verfolgung wegen Hausfriedensbruch oder gar Diebstahl rechnen.

Die Tafeln sind derjenige Teil der Armutsökonomie, der am besten erforscht ist und auch am häufigsten in der Kritik steht [vgl. Lorenz; Selke], allerdings auch überschwängliche Begeisterung auslöst, wie der Ausspruch der Grünen-Politikerin *Katrin Göring-Eckardt* zeigt: »Sie (die Tafeln) sind kleine gelebte Utopien: Soziale Mikrokosmen, an denen jeder willkommen ist und Zuwendung erfährt« [Lorenz, S. 151].

Die Autorin hat das an einem Tag als Tafel-Helferin in einem Kölner sozialen Brennpunkt anders erlebt: Der Zustrom an Menschen war enorm, die vielstündige Arbeit der zwei Männer und vier Frauen hinter dem Ausgabentisch so fordernd, dass der Ton gegenüber den »Kunden« zwischendurch schon mal ruppig wurde.

Seit der Flüchtlingskrise 2015 ist die Zahl derjenigen, die sich bei den Tafeln mit Lebensmitteln versorgen, weiter gewachsen. Der Vorsitzende des Bundesverbands, *Jochen Brühl*, warnte auf dem Höhepunkt der Zuwanderung im Oktober 2015, viele Tafeln, und vor allem die ehrenamtlichen Helfer und Helferinnen, seien an ihrer Belastungsgrenze angelangt. Brühl zufolge unterstützten die Tafeln damals 150.000 Flüchtlinge zusätzlich.

Außer Geflüchteten und Bedürftigen, wie Hartz-IV-Empfängern, denen angeblich schon im Jobcenter geraten wird, sich ihre Lebensmittel bei der Tafel zu holen, sind auch andere Bevölkerungskreise auf diese Versorgungsmöglichkeit aufmerksam geworden – osteuropäische Armutsmigranten, alte Menschen mit geringer Rente bei steigenden Mieten oder Studierende, bei denen das BAföG nicht reicht.

Inzwischen macht das Modell Schule. Unter dem Begriff »Tafel« haben sich sowohl Ausgabestellen für Tierfutter (»Tiertafel«) wie für Medikamente etabliert. Der Bundesverband Deutscher Tafeln legt Wert darauf, dass diese Initiativen nichts mit ihm zu tun haben.

Die Tafeln sind die bekanntesten unter allen Einrichtungen und Initiativen des institutionalisierten Gutmenschentums, aber keineswegs die einzigen. Rund um ehrenamtliche Arbeit ist eine ganze

Dienstleistungsindustrie der guten Werke entstanden. 2015 zählte die *Körber-Stiftung* rund 3.500 Einrichtungen, die sich allein auf
kommunaler Ebene »der Unterstützung und Förderung des bürgerschaftlichen Engagements vor Ort verschrieben haben.« – Tafeln, Freiwilligenagenturen, Mehrgenerationenhäuser, Soziokulturelle Zentren, Mütterzentren, Bürgerstiftungen, Seniorenbüros und
Selbsthilfekontaktstellen, Vereine, Initiativen, Netzwerke, Stiftungen,
Verbände [Mahnken].

Bundesweit kam der *Erste Engagementbericht der Bundesregierung* 2012 gar auf eine Million Institutionen unterschiedlicher
Rechtsform, Größe und Zusammensetzung, die alle zusammen »die
zivilgesellschaftliche Infrastruktur des Engagements bilden« [Erster
Engagementbericht, S. 34].

Organisationen der traditionellen Zivilgesellschaft wie Vereine,
Kirchengemeinden, Wohlfahrtsverbände werden ebenso dazugerechnet wie neuere Gründungen: Soziokulturelle Zentren, Seniorenbüros, Bürgerstiftungen oder die Kreationen der Bundesregierung
wie die vom BMFSJ subventionierten Mehrgenerationenhäuser und
Familienzentren. Alle zusammen konkurrieren ebenso um Freiwillige wie die vielen seit 2015 aus dem Boden geschossenen, selbst organisierten Flüchtlingsinitiativen.

Die meisten dieser Gruppierungen sind chronisch unterfinanziert, arbeiten in vielen Fällen mit einem Jahresbudget von unter
50.000 Euro, das sich aus Spenden und von Haushaltsjahr zu Haushaltsjahr wechselnden öffentlichen Zuschüssen speist [Jakob 2015].

Allen Aufzählungen ist gemeinsam, dass basisdemokratische Initiativen und Selbsthilfeorganisationen einerseits und andererseits Instanzen, die *top down* Ehrenamtliche für bestehende Organisationsstrukturen rekrutieren, in einen Topf geworfen werden. So fällt es
leicht, Selbstbestimmung und demokratische Partizipation auch dort
zu vermuten, wo Ehrenamt lediglich Lückenbüßer für nicht mehr
vorhandene öffentliche Daseinsvorsorge ist. Der Unterschied lässt
sich an den Soziokulturellen Zentren und den Freiwilligenagenturen exemplarisch darstellen. Soziokulturelle Zentren wurden in den

siebziger und achtziger Jahre gegründet und beziehen sich auf die
Werte der 68er-Bewegung: Basisdemokratie, autonome Stadtteilarbeit gegen Abriss und Luxussanierung, künstlerische Arbeit außerhalb des etablierten Kultur- und Theaterbetriebs, nichtkommerzielle
Angebote vom Gymnastikworkshop bis zur Disco.

Freiwilligenagenturen dagegen sind ein Kind des Ehrenamts-
Hypes im Zuge der neoliberalen Umgestaltung der Gesellschaft.
Die erste derartige Vermittlungsstelle zwischen der Nachfrage nach
Freiwilligenarbeit und dem Angebot an Gratisarbeit unter dem Namen »Freiwilligenagentur« wurde 1992 in Bremen gegründet [Ebert
u. a., S. 25]. Inzwischen gibt es bundesweit 630 Freiwilligenagenturen, auch überregional als internetbasiertes Geschäftsmodell, wie
doogood.org, »das Netzwerk für soziale Verantwortung«.

Anders als die Arbeitsagentur oder die Jobcenter zur Vermittlung
in den Erwerbsarbeitsmarkt haben es die Freiwilligenagenturen Woche um Woche mit einem Überangebot an Beschäftigungsmöglich-
keiten zu tun, denen aber nur eine eher geringe Zahl an Freiwilligen
gegenübersteht. Die meisten Ehrenamtlichen engagieren sich noch
immer traditionell über Vereine, Kirchen oder Wohlfahrtsverbände
und inzwischen spontan und zunehmend über soziale Medien.

Die Infrastruktur des Engagements ist selber großenteils auf ehrenamtliche Arbeit angewiesen. Nicht so die Dienstleistungsbranche,
die ihrerseits der Goodwill-Industrie zuarbeitet. Organisations- und
Unternehmensberater, Coaching- und Fundraising-Agenturen, Bil-
dungseinrichtungen, die Ehrenamtliche weiterbilden und Modera-
toren, die die Zusammenarbeit von Haupt- und Ehrenamtlichen
verbessern helfen, arbeiten professionell und hauptamtlich, meist finanziert aus öffentlichen Mitteln, welche die staatliche und kommunale Engagementpolitik in unterschiedlichsten Töpfen bereitstellt. Bei
diesen Dienstleistern handelt es sich nicht selten um Ausgründungen
bestehender Organisationen, die auf diese Weise z. B. den wachsenden
Bildungsmarkt in Sachen Ehrenamt bedienen. So unterhält das Erz-
bistum Köln eine Bildungs-GmbH »Freiwillige soziale Dienste«. Die
Evangelische Landeskirche Hessen-Nassau hat mit anderen Organi-

sationen zusammen in Frankfurt a. M. eine »Ehrenamtsakademie«
gegründet. Derartige Einrichtungen gibt es inzwischen überall in
Deutschland. Die in Berlin ansässige »Akademie für Ehrenamtlichkeit Deutschland« wirbt mit diesen Worten Kundschaft ein:

> »Erfolgreich Freiwillige gewinnen und begleiten – Ehrenamtlich/frei-
> willig Engagierte beleben Ihre Organisation durch ihre Lebenserfah-
> rung, ihre Einsatzbereitschaft, ihre persönlichen Kontakte und durch
> vielfältige Kenntnisse, Fertigkeiten und Kompetenzen. Doch eine gute
> Freiwilligenarbeit bedarf einer umfangreichen Organisation und Ko-
> ordination. Das Seminar vermittelt eine Basisqualifizierung, in der Sie
> neben Handwerkszeug auch theoretische Kenntnisse für den Einsatz
> bzw. Ausbau von Freiwilligenarbeit in Ihrer Organisation kennenler-
> nen« [Akademie für Ehrenamtlichkeit].

Auch die internetbasierte Plattform-Ökonomie, die selber lediglich
Dienstleistungen vermittelt, hat den Markt entdeckt – etwa das *Netz-
werk Gemeinsinn*, das Angebot und Nachfrage zu Fortbildungen in
Community Organizing zusammenführt.

Um das ganze akademisch zu fundieren, hat sich an Hochschulen und Universitäten die Engagementforschung als Wissenschafts-
zweig etabliert. Exponenten der Engagementforschung wie *Sebastian
Braun* oder *Thomas Olk* haben sich in der Vergangenheit als fleißige
Ideologieproduzenten betätigt.

Aber es geht natürlich auch um empirische Forschung, z. B. Be-
fragungen über die Motivation von Ehrenamtlichen oder die regelmäßig erhobenen Daten des Freiwilligensurveys.

2017 wurde am WZB, dem Berliner Wissenschaftszentrum für
Sozialforschung, in Kooperation mit der Freien Universität ein *Zentrum für Zivilgesellschaftsforschung* eröffnet, das sich unter anderem
mit der Vernetzung zivilgesellschaftlicher Organisationen beschäftigt, aber auch mit dem Verhältnis von Engagement zu politischen
Konflikten. *Volkswagenstiftung* und *Stiftung Mercator* leisten fünf
Jahre lang eine Anschubfinanzierung [Nachrichtendienst BürgerAktiv, Dezember 2017].

Ehrenamt – »Ressource für kommunale Entwicklungsprozesse«

»Ich weiß nicht, wie viele Wände in Kitas, Grundschulen und Gymnasien ich gestrichen habe, Fenster geputzt, Gardinen genäht und aufgehängt, Schränke besorgt, Feste organisiert und durchgeführt, Ausflüge begleitet«, schreibt eine Mutter in einem Leserbrief an die Lokalzeitung [Kelbert].

Die *Bürgerkommune* oder *Bürger-Stadt* bezeichnet die »Selbsttätigkeit« auf kommunaler Ebene; oder, ehrlicher, die Nutzung des »bürgerschaftlichen Engagements als Ressource für kommunale Entwicklungsprozesse«, wie es in einem Programm des *Katholischen Sozialen Instituts* Bad Honnef 2009 hieß.

Überall, wo die Kommunen klamm sind, springen Ehrenamtliche ein.

Stadtteilmütter und *Quartierlotsen* sind in sozialen Brennpunkten unterwegs, *Bildungspaten* helfen bei der Übermittag-Betreuung in Schulen und bei der Leseförderung, Ehrenamtliche steuern den *Bürgerbus*; Bäckereien und Lebensmittelhändler haben sich schon lange aus dem ländlichen Raum verabschiedet; ehrenamtlich betriebene *Dorfläden* versuchen, sie zu ersetzen. *Fördervereine* betreiben städtische Schwimmbäder, Büchereien und Museen, Freiwillige speisen Obdachlose, *Flüchtlingsinitiativen* machen Dienst in Unterkünften, *Familienpartner* unterstützen belastete Familien bei der Kinderbetreuung, *Grünflächenpaten* und *Weiherpaten* kümmern sich um städtische Parks (allein in Köln gibt es rund 750 Grünpaten). Überhaupt: Der Begriff »Patenschaft« ist sehr beliebt, das klingt so viel besser als das, was es ist, nämlich Gratisarbeit. Eltern und manchmal sogar Lehrerinnen oder Lehrer streichen Klassenzimmer. »Wenn man engagierter Lehrer ist, kann man sich doch mal einbringen und einen Raum streichen«, meinte die schleswig-holsteinische Kultusministerin 2013 [Wende].

Kurzum, die »aktive Bürgerschaft« ist gefragt. Und wie sie konkret aktiv werden kann und soll, illustrierte eine 2007 von der *Initiative Neue Soziale Marktwirtschaft* herausgegebene Schrift *Deutschland zum Selbermachen,* in der 22 als vorbildlich gepriesene Projekte vorgestellt wurden: Im rheinischen Langenfeld übernahmen Anwohner die Straßenreinigung, im bayerischen Wolfratshausen wurde das Rathaus mit Spendengeldern und in Eigenarbeit renoviert, in einem Leipziger Vorort gar bauten Bürger ihre eigene neue Kanalisationsanlage.

Die Broschüre sollte weitere Menschen ermuntern, den Spaten oder Besen in die Hand zu nehmen oder gar Bagger und Betonmischer in Gang zu setzen, um ihre Kommune aufzupeppen, was auch gelang. Im westfälischen Altena erneuerten Bürger das Pflaster in der Fußgängerzone und in der Thüringer Gemeinde Niederzimmern konnte man gegen Einzahlung von 50 Euro in die Stadtkasse zur Sanierung eines Schlaglochs eigener Wahl beitragen und eine Plakette mit Wunschaufschrift in den renovierten Asphalt einlassen... Die zugehörige Website *deutschland-zum-selbermachen.de* war zwar 2013 bereits abgeschaltet. War dieses *do it yourself* etwa des Guten ein bisschen zu viel?

Nach dem Motto »Nicht meckern, sondern machen« feiern die Medien auch heute immer wieder mal Gemeinden, in denen die Bürger ihre Straßenlaternen aus eigener Tasche bezahlen oder den Innenhof der Kita umgebaut und gestaltet haben. Der Katalog der segensreichen Folgen ist lang, werden wir informiert, wenn wir Bürgerinnen und Bürger erst einmal die Pflege der lokalen Infrastruktur selber in die Hand nehmen. Denn das alles führe nicht nur zu besseren, lebensnäheren Diensten, sondern auch zu mehr Demokratie und stabilerem sozialem Zusammenhalt, also eine *Win-Win-Situation* in jeder Hinsicht.

Die finanzielle Not der Kommunen

Bestenfalls nebenbei wird erwähnt, dass die Mobilisierung der Bürgergesellschaft auch bezweckt, die Löcher in den kommunalen Haushalten zu stopfen. Kommunen, vor allem Großstädte, wurden durch Steuerreformen um die Jahrtausendwende finanziell ausgetrocknet. Bereits 1997 wurde die Gewerbekapitalsteuer abgeschafft, so dass die Haupteinnahmequelle der Gemeinden, die Gewerbesteuer, zu einer ertragsabhängigen Einnahmequelle wurde, die konjunkturbedingt schwankt und sich außerdem nach Bedarf kleinrechnen lässt. Der Ausgleich, die Beteiligung der Gemeinden an der Umsatzsteuer, konnte die Einbußen nicht wettmachen. Die Steuerreform von 2000 ließ städtische Einnahmen weiter schrumpfen, die Finanz- und Wirtschaftskrise 2008/09 tat ein Übriges. Der Ökonom *Achim Truger* hat berechnet, dass die Kommunen zwischen 2000 und 2011 insgesamt Einnahmeeinbußen von 42 Milliarden Euro erlitten [Truger]. Drei Viertel aller Kommunen in Deutschland sind mit über 2.500 Euro pro Einwohner mittelmäßig bis hoch verschuldet [Ernst & Young].

Gleichzeitig stiegen die Ausgaben für soziale und andere Pflichtleistungen, die durch Bundes- und Landesgesetze festgelegt und die von kommunalen Ausgabestellen verwaltet werden: Grundsicherung, Wohngeld, Eingliederungsleistungen für Menschen mit Behinderung, Unterbringung von Flüchtlingen und Obdachlosen. Allein die kommunalen Ausgaben für die Grundsicherung haben sich nach Angaben des Deutschen Städtetags zwischen 2004 und 2010 in Magdeburg verdoppelt, in Dresden und Stuttgart verdreifacht. Die Städte versuchten, durch die Einsparung von hauptamtlichem Personal und freiwilligen kommunalen Leistungen gegenzusteuern. In den eher »weichen« Aufgabenbereichen der freiwilligen Leistungen, aber nicht nur dort, stützt man sich auf das Bürgerengagement.

In den Großstädten sind Ehrenamtliche vor allem in vier Bereichen gefragt: In der Bildung, in der Kultur (zum Beispiel Museumsdienste), bei der Grünpflege und, *last not least*, im Sozialen – von der Flüchtlingsbetreuung bis zur Quartiersarbeit, von der Suppenküche für Obdachlose bis zum Besuchsdienst für Seniorinnen und Senioren.

Die Zahl armer Menschen in den Städten wächst. In Nordrhein-Westfalen gilt im Schnitt ein Viertel der Großstadtbewohner als arm, d.h. sie verfügen über weniger als 60 Prozent des mittleren Einkommens, das 2016 für einen Ein-Personen-Haushalt bei 1.615 Euro netto lag. Die Sozialverwaltungen versuchen mit Konzepten wie *Sozialraumorientierung* und *Quartiersmanagement* gegenzusteuern, die zum Teil aus Bundes- und/oder Landesmitteln bezuschusst werden, aber immer von kommunaler Ko-Finanzierung abhängen; schwierig, wenn die Kommune kein Geld hat und sich mit sogenannten Kassenkrediten über Wasser hält.

In den benachteiligten Stadtteilen vieler Großstädte sind hauptamtliche Sozialarbeiter/innen als Sozialraumkoordinatoren und *Streetworker* unterwegs, die zum Teil von Vereinen oder Wohlfahrtsorganisationen angestellt sind, zum Teil aus städtischen Töpfen bezahlt werden. In der Millionenstadt Köln mit ihren zahlreichen sozialen Brennpunkten gab es bis 2016 lediglich sechs Streetworker-Stellen, die seither auf 12 verdoppelt wurden, hinzu kommen acht Stellen, die vom *Jobcenter* finanziert werden [Streetworker]. Sozialraumkoordinator/innen, meist von Vereinen und Wohlfahrtsverbänden angestellt, versuchen, in den Problem-Quartieren Netzwerke aufzubauen: aus Gruppen von Jugendlichen und Senioren, aus Vertretern von Moschee- und Kirchengemeinden, Geschäftsleuten, Vereinen und Wohnungsunternehmen. Um die Nachbarschaften zu aktivieren, müssen Ehrenamtliche eingeworben werden, *Quartiershelfer*, die die Arbeit mittragen, zum Beispiel in Form von *Stadtteileltern-/Stadtteilmütter*-Projekten: »Dabei wurden gut integrierte Migrantinnen und Migranten qualifiziert, um als Brückenbauer und Multiplikator/inn/en in ihre Communities hineinzuwirken, indem sie z.B. über das deutsche Gesundheits- und Bildungssystem informieren und das Kölner soziale Hilfesystem mit seinen vielfältigen Beratungs-Angeboten vorstellen« [Stadtteileltern]. Die Stadtteilmütter erhalten zum Teil Aufwandsentschädigungen für ihre Arbeit.

Aber sowohl die hauptamtliche wie die ehrenamtliche Arbeit in den abgehängten Quartieren sind ständig bedroht, weil Projektmittel auslaufen, Förderungen gekürzt werden und hauptamtliche Stellen befristet sind.

Sozialarbeit in abgehängten Quartieren muss aber mehr sein als notdürftige Reparatur schlimmster Verwahrlosungserscheinungen. *Community Organizing*, ein basisdemokratisches Vernetzungsmodell nach Vorbildern der US-amerikanischen Gewerkschafts- und Bürgerrechtsbewegung, soll dazu führen, dass Abgehängte sich mit eigener Stimme Gehör verschaffen können. Das geht aber nicht, wenn Anlaufstellen und Integrationsfaktoren wie Bürgerzentren, Jugendzentren, freie Theater, Stadtteilbüchereien von jeder kommunalen Haushaltsperiode zur nächsten um ihre Existenz bangen müssen; wenn im Landeshaushalt Schulsozialarbeiter-Stellen eingespart werden, Projekte wie Mieterräte, offene Kinder- und Jugendarbeit, Stadtteilbüros, die nach »Anschubfinanzierung« mit viel Idealismus, auch von Ehrenamtlichen, aufgebaut wurden, nicht institutionell gefördert werden, sondern dicht machen, sobald Projektmittel auslaufen oder sich nicht rechtzeitig eine Stiftung bzw. ein Sponsor zur Weiterfinanzierung findet.

Das zugrunde liegende Problem ist ohnehin nicht durch Gemeinwesenarbeit lösbar: Es fehlt an Erwerbsarbeit, vor allem für wenig Qualifizierte, weil die Mittel für den zweiten Arbeitsmarkt drastisch zusammengestrichen wurden; es fehlt an qualifizierter frühkindlicher Bildung; es fehlen an allen Schulformen Lehrerinnen und Lehrer; es gibt kein oder zu wenig Geld für Übermittag-Betreuung von Schulkindern; es fehlt an bezahlbarem Wohnraum für Normal- und Geringverdiener; es fehlt an Zugriffsmöglichkeiten auf die Eigentümer heruntergekommener Hochhaussiedlungen; es fehlt an Unterkünften für Obdachlose, es fehlt an hauptamtlichen Kräften für die Arbeit mit Geflüchteten, mit Alten, mit Pflegebedürftigen, mit Drogenabhängigen, es fehlt an Ordnungskräften, an Polizeibeamtinnen und Polizeibeamten.

Ehemals von Kommunen betriebene Strukturen wie Jugendzentren oder Jugendwerkstätten wurden unter Haushaltszwängen zunächst in teilprivatisierte gemeinnützige GmbHs oder eingetragene Vereine (e.V.) überführt, die mit ABM-Kräften weiterarbeiteten. Nach der Einstellung der Arbeitsbeschaffungsmaßnahmen ist man jetzt von Spenden und ehrenamtlich geleisteter Arbeit abhängig, hangelt sich notdürftig von Projektfinanzierung zu Projektfinanzierung und muss in jedem Haushaltsjahr um die knappen städtischen Zuschüsse bangen.

Verarmte Menschen und sozial benachteiligte Quartiere werden nicht mehr als Anreiz gesehen für grundlegende gesellschaftspolitische Veränderungen, etwa der systematischen Förderung eines zweiten Arbeitsmarkts, finanzierbar durch Besteuerung des wachsenden Reichtums an der Spitze der Pyramide, sondern sie gelten als nicht mehr hinterfragbare, weil im Prinzip als nicht änderbar eingeschätzte Ausprägungen einer »gesellschaftlichen Vielfalt«. Diese gilt es möglichst kostengünstig zu managen. An die Stelle politisch initiierter gesellschaftlicher Veränderungen treten »Engagementlandschaften« – jedenfalls in der Fantasie der Engagementpolitik.

Flüchtlingshilfe – die große Not

Klimawandel und Ausdehnung der Wüsten, verursacht durch den westlichen Lebensstil, Vertreibung von Millionen Kleinbauern durch großindustrielle Landwirtschaft, korrupte einheimische Diktaturen, schließlich islamistischer Terror, brutale Kriege und Bürgerkriege – Experten der Vereinten Nationen hatten bereits 2011 gewarnt, dass die Flüchtlingsströme aus Afghanistan, Syrien und den Ländern Afrikas in Richtung Europa anwachsen werden. 2015 schätzte Pro Asyl die Zahl von Menschen auf der Flucht auf 60 Millionen weltweit.

Aber als sich im Herbst 2015 immer mehr Menschen auf den Weg nach Europa machten, die Bundesregierung wegen der humanitär unhaltbaren Situation auf dem Balkan die Grenzen öffnete, waren die deutschen Behörden anscheinend völlig überrascht, jedenfalls überfordert. Die Flüchtlingsströme trafen auf ein Gemeinwesen, in dem zwanzig Jahre lang öffentliche Leistungen systematisch heruntergefahren worden sind. In den Gemeinden fehlt es an Verwaltungsfachkräften, an Sozialarbeiterinnen, Lehrern, Dolmetscherinnen, Sozialpädagogen, Schulpsychologinnen und Erziehern.

Zigtausende freiwillige Helfer und Helferinnen fanden sich spontan an Orten wie dem Münchner Hauptbahnhof, dem »Drehkreuz« am Flughafen Köln/Bonn oder vor dem »Lageso« in Berlin ein, um die ankommenden Menschen wenigstens mit dem Nötigsten zu versorgen, mit Essen, warmen Getränken, Bekleidung. *Alexandros Stathopoulos* von *Pro Asyl* kommentiert:

»Man hat es einfach über die Jahre verpasst, sich auf die Folgen der Krisen vor Europas Türen vorzubereiten. Auch hier ist es die Zivilgesellschaft, die das Fehlen einer angemessenen Aufnahmestruktur versucht auszugleichen. Freiwillige organisieren sich in Freundes- und Helferkreisen, geben ehrenamtlich Deutsch-Unterricht, begleiten Schutzsuchende zu Behörden und in Krankenhäuser, schaffen Begegnungsorte für Flüchtlinge und Eingesessene, helfen bei der Wohnungssuche und setzen sich für ihre Rechte ein (…) Viele der Probleme, mit denen Schutzsuchende in Deutschland und Europa zu kämpfen haben (…), müssen auf politischer Ebene gelöst werden« [Stathopoulos].

Die politische Ebene blieb nicht untätig. Der Bund zahlt für Flüchtlingshilfe ab 2016 »Integrationspauschalen« an die Länder, aber nur ein Teil der 1,5 bis 2 Milliarden jährlich landet direkt vor Ort bei den Kommunen, in NRW z. B. 866 Euro pro Monat pro Flüchtling [Integrationspauschalen]. Die jahrelange Verschlankung der Verwaltungen ist aber nicht von jetzt auf gleich allein durch Geld zu kompensieren.

Viele der spontan handelnden Ehrenamtlichen vom Herbst 2015 sind inzwischen müde, ernüchtert und frustriert. Auch die meisten Einheimischen kennen sich mit Amtsdeutsch und Ämterdschungel nicht aus, sind überfordert, wenn es um psychosoziale Hilfen für Kriegstraumatisierte geht. Spracherwerb, Asylverfahren, Wohnungssuche, Ausbildungswünsche – das alles erfordert von denjenigen, die ehrenamtlich begleiten, ein hohes Maß an Energie, Langmut und Frustrationstoleranz. Helferinnen und Schützlinge erleben wasserdicht gegeneinander abgeschottete Ämter, die Urkunden aus

Bürgerkriegsländern vorgelegt bekommen möchten oder Kosten-
voranschläge für Übersetzungen aus dem Arabischen in dreifacher
Ausfertigung anmahnen. Die wenigen hauptamtlichen Sozialarbei-
ter/innen, die in den Flüchtlingsunterkünften zur Verfügung stehen und helfen könnten, sind selber überlastet. Erst Ende 2016 be-
schloss z. B. der Rat der Stadt Köln, die Sozialarbeiterstellen in den
Unterkünften zu erhöhen. Künftig soll eine Sozialarbeiterin für 60
statt bisher für 80 Geflüchtete zuständig sein. Den Rest der Arbeit
machen nach wie vor die Ehrenamtlichen der örtlichen Initiativen.
Deren Zahl schrumpft jedoch. In Köln sank die Zahl der freiwilligen
Unterstützer/innen von 11.000 Ende 2015 auf 5.000 ein Jahr später
[Flüchtlingshelferinnen].

Verstetigung der ehrenamtlichen Flüchtlingsarbeit

Aus dem Einspringen der Bürger angesichts staatlichen Versagens
zögen die Behörden falsche Konsequenzen, rügt die Soziologin Laura Graf. »Doch statt diese Mängel konsequent zu beseitigen, wurde
von staatlicher Seite eher mit einer Förderung der im Entstehen be-
griffenen ehrenamtlichen Strukturen reagiert« [Graf, S. 59].

Der Versuch seitens der Politik, die ehrenamtliche Hilfe zu verstetigen und die Freiwilligen möglichst auf längere Zeit einzubinden,
läuft in erster Linie über finanzielle Zuwendungen. Hier ein Aus-
schnitt aus einem kaum noch überschaubaren Tableau engagement-
politischer Maßnahmen mit zum Teil sehr bescheidenen Budgets:

»Mit Beschluss vom 11.7.2017 fordert der Rat der Stadt Köln, Haus-
haltsmittel (Mehraufwendungen) über 334.800 zur Finanzierung
mehrerer halber Stellen bei freien Trägern der Flüchtlingshilfe. Aufgabe der Stelleninhaber/innen ist standortübergreifend (die) Betreuung
und *Steuerung* (Hervorhebung durch die Verfasserin) der Ehrenamtler in der Flüchtlingshilfe. Beispielhaft sind folgende Aufgaben aufzu-
führen: Vermittlung bei Konflikten zwischen Ehrenamt und Haupt-
amt in einzelnen Einrichtungen. Unterstützung der Einrichtungen bei
Maßnahmen und Aktivitäten, um Ungleichgewichte ehrenamtlichen
Engagements in den Stadtbezirken auszugleichen« [Stadt Köln 2017].

Das Bundesfamilienministerium hat ein Programm »Menschen stärken Menschen« aufgelegt, mit dem bundesweit 23 Trägerorganisationen finanziell unterstützt werden, die Patenschaften zwischen Ehrenamtlichen und Geflüchteten organisieren. Zu den Aufgaben gehören Begleitung im Alltag, Unterstützung bei Behördengängen, Hilfe beim Zugang zu Sportvereinen, gemeinsame Freizeitunternehmungen und vieles andere. Unterstützt werden zum Beispiel auch Bildungsmentorenschaften für Schülerinnen und Schüler aus Flüchtlingsfamilien oder ein Begleitdienst für Schwangere des Sozialdienstes Katholischer Frauen in Trier.

Ähnliche Programme laufen auf Landesebene, in Niedersachsen unter dem Begriff Integrationslotsinnen und Integrationslotsen. Das Land fördert Bildungsträger mit bis zu 50 Euro pro Unterrichtsstunde für die Qualifizierung und Weiterbildung von Ehrenamtlichen »mit dem Ziel, die Kommunen bei der Aufwertung und Weiterentwicklung des ehrenamtlichen Engagements, das Menschen mit Zuwanderungsgeschichte im Partizipationsprozess zugutekommt, zu fördern und dadurch die Partizipation von Menschen mit Zuwanderungsgeschichte in der Gesellschaft zu verbessern« [Niedersachsen].

In Nordrhein-Westfalen heißt das Programm *Komm an NRW*. 2018 werden die großenteils auf ehrenamtlicher Basis von Kommunen und freien Trägern unterhaltenen Integrationszentren und »Ankommenstreffpunkte« mit 13,4 Millionen Euro unterstützt, »um hauptamtliche Unterstützung für die Ehrenamtlichen zu leisten«, wie es auf der Website des zuständigen Ministeriums heißt [Nordrhein-Westfalen 2018a]. So gibt es im westfälischen Landkreis Warendorf ein »E-Learning-Angebot« für Ehrenamtliche in der Flüchtlingshilfe:

»Sie sind das Herz der Flüchtlingsbetreuung: Lokale Bürgerinitiativen machen Integration möglich und geben ihr vor Ort ein Gesicht. Engagement ist aber nicht automatisch mit Wissen um komplexe historische oder juristische Zusammenhänge gepaart. Deshalb brauchen Ehrenamtler ein Rüstzeug an Qualifikationen« [Nordrhein-Westfalen 2018a].

Im rheinischen Brühl werden Ehrenamtlichen Schulungsmodule
u.a. in Asyl- und Ausländerrecht angeboten [Rhein-Erft-Kreis].

Auch die Goodwill-Industrie bleibt nicht untätig: Die Kölner
Freiwilligenagentur sucht für ihr Programm *Welcome Walks* Ehrenamtliche, die Geflüchtete auf Stadtspaziergängen begleiten und
»Paten/Patinnen für die außerschulische Begleitung von Flüchtlingskindern«, denn die Wartelisten für Plätze in der Offenen Ganztagsbetreuung von Schulkindern sind in Nordrhein-Westfalen lang
– eine Marktlücke für die Freiwilligenagentur. Die Patinnen gehen
mit den Kindern Schwimmen, ins Kino, in die Stadtbibliothek, zum
Minigolf, führen sie in die neue Umgebung ein [Freiwilligenagentur
Köln].

Die »Tafeln« sind ebenfalls Teil des ehrenamtlichen Flüchtlings-
managements. Von 2017 bis 2020 erhalten sie knapp 400.000 Euro
jährlich aus dem Etat des Bundesministeriums für Ernährung und
Landwirtschaft für das Projekt »HeimatTafel«. Örtliche Tafeln – wie
erwähnt mehr als 930 an der Zahl – sollen damit Sprach- und Weiterbildung von Flüchtlingen und interkulturelle Kochgruppen finanzieren ebenso wie die Schulungen von Tafel-Helferinnen, die Flüchtlinge beraten möchten [Tafel].

Aber nicht nur Ehrenamtliche werden knapp gehalten, auch
Hauptamtliche. Die seit 2017 amtierende schwarz-gelbe Landesregierung in Nordrhein-Westfalen hat die Gelder für hauptamtliche
Flüchtlingsberatung um 40 Prozent oder 17 Millionen Euro gekürzt
[Nordrhein-Westfalen 2017]. Honorarkräfte, die sich selbst versichern müssen, erhielten als Lehrkräfte mit Hochschulabschluss für
»Deutsch als Fremdsprache« bis 2017 an der Kölner Volkshoch-
schule lediglich 23 Euro pro Unterrichtsstunde einschließlich Vor-
bereitungszeit. Das Stundenhonorar wurde inzwischen auf 35 Euro
erhöht.

Integration kostet, sagt der Bundesrechnungshof, sagt der Deutsche Städtetag, sagt der Bundesfinanzminister, der bis 2022 mit 78
Milliarden Euro Kosten für den Bund rechnet, darin enthalten 8 Milliarden Zuschüsse für die Flüchtlingshilfe an Länder und Kommu-

nen und 31 Milliarden für die Bekämpfung von Fluchtursachen in
den Herkunftsländern der Geflohenen [Der Spiegel 2018]. Ohne die
Ehrenamtlichen wäre es noch viel teurer.

Obdachlosigkeit

Durch den Anstieg der Immobilienpreise müssen Durchschnitts-
verdiener/innen in Großstädten inzwischen die Hälfte oder mehr
ihrer Einkommen für Miete ausgeben. Die Anzahl öffentlich geförderter Wohnungen mit Mietpreisbindung ist seit Jahren rück-
läufig, in der besonders hochpreisigen Stadt München zum Beispiel lagen 2017 30.000 Anträge auf eine Sozialwohnung vor, aber
es konnten nur 3.000 Sozialwohnungen vergeben werden [Mün-
chen]. Für Durchschnittsverdiener/innen können daher Ereignisse
wie Arbeitslosigkeit, Krankheit, Alkoholprobleme und/oder Schei-
dung, schnell dazu führen, dass man die Miete nicht mehr zahlen
kann.

2016 waren bundesweit 860.000 Frauen und Männer ohne eigene Unterkunft, gegenüber 2014 ein Anstieg um 150 Prozent. Das
sind die offiziell registrierten Wohnungslosen. Bis Ende 2018 rechnet die Bundesarbeitsgemeinschaft Wohnungslosenhilfe mit über
einer Million Menschen ohne Wohnung [Wohnungslosenhilfe].
Nur ein geringer Teil der Obdachlosen lebt auf der Straße. Deren
Zahl hat sich in den letzten Jahren durch Armutszuwanderung aus
Osteuropa jedoch drastisch erhöht, Menschen aus Rumänien oder
Bulgarien reisen als Touristen ein, hoffen, hier Arbeit zu finden und
etwas Geld nach Hause schicken zu können. Sie haben keinen Anspruch auf Sozialleistungen und Städte wie Köln haben ihnen sogar
den Zugang zu Einrichtungen der Obdachlosenhilfe gesperrt, weil
die Anlaufstellen völlig überlastet sind. Oft leben sie auf der Straße oder übernachten in Parks, wie im Berliner Tiergarten, wo der
Senat ankündigte, die Camps durch die Polizei räumen zu lassen
[Obdachlose Berlin]. Bleibt nur noch die Hilfe durch ehrenamtliches
Engagement: bei regelmäßig stattfindenden Armenspeisungen, der
kostenlosen medizinischen Hilfe, wenn einmal in der Woche das

Krankenmobil der örtlichen Caritas oder eines anderen Wohlfahrts-
verbands vorfährt, in Notunterkünften, Kleiderkammern und im
»Kältebus« der Berliner Stadtmission.

Nach dem PISA-Schock – Ehrenamtliche Bildungsarbeit

Die Sparpolitik der vergangenen Jahrzehnte hinterlässt ihre Spuren;
nicht nur bei maroden Straßen und Autobahnbrücken auch in der
Bildung schiebt Deutschland einen gewaltigen Investitionsstau vor
sich her. Das betrifft alle Bereiche, von der Kita bis zur Hochschule. Sanierungsbedürftige Schulgebäude, mit Umweltgiften belastete
Klassenzimmer, schmutzige Fenster, kaputte Toiletten, fehlender
Lärmschutz und vor allem fehlende Lehrerinnen und Lehrer.

Nach dem katastrophalen Abschneiden Deutschlands in der
PISA-Studie 2001 hat sich zwar einiges getan: Der Bund investiert
in die frühkindliche Bildung, Ganztagsschulen werden ausgebaut,
die Länder werben um pädagogisches Personal. Aber das Ziel »Bil-
dungsrepublik Deutschland« liegt noch in weiter Ferne. Mit 4,3 Prozent des Bruttoinlandsprodukts, die in Bildungsausgaben investiert
werden, bleibt die Bundesrepublik weiter unter dem OECD-Durch-
schnitt von 5,8 Prozent [OECD 2018].

In der Internationalen Grundschul-Lese-Untersuchung IGLU ist
die Bundesrepublik in der Lesekompetenz der Grundschüler sogar
zurückgefallen. Inzwischen können 18,9 Prozent der Kinder in der
vierten Klasse nicht ausreichend lesen (gegenüber 16,9 Prozent 15
Jahre zuvor) [IGLU].

Allmählich wieder steigende Geburtenzahlen, eine Vielzahl von
Flüchtlingskindern ohne deutsche Sprachkenntnisse, Verhaltensauf-
fälligkeiten und Konzentrationsschwierigkeiten vieler Kinder belasten das unterfinanzierte System weiter. Lehrerinnen und Lehrer
sehen sich immer mehr in der Situation, die mangelhaften Erzie-
hungsleistungen vieler Eltern kompensieren zu müssen.

Es gibt also genug zu tun für Ehrenamtliche, die von den unterschiedlichsten Trägern für die unterschiedlichsten Aufgaben ständig
eingeworben werden:

Mittagessenkochen für Kinder aus armen Familien, deren Eltern das Schulmittagessen nicht bezahlen können oder wollen – ein Fünftel aller Großstadtkinder gilt als arm –, Hausaufgabenbetreuung in der Offenen Ganztagsschule (OGS), mit Flüchtlingskindern Deutsch üben, damit diese am regulären Unterricht teilnehmen können, mit Grundschulkindern Lesen üben, Spiel- und Sportangebote in der OGS. Am Beginn und Ende der Schulkarriere das gleiche Bild: »Bildungspatenschaften« gibt es schon für Kita-Kinder; die pädagogisch gebotene individuelle Förderung dort und später in der Schule können die überlasteten Fachkräfte nur selten leisten; Schulabgänger/innen brauchen Paten, um sie ins Berufsleben zu begleiten, denn Berufsvorbereitung ist an deutschen Schulen immer noch unterentwickelt, also Freiwillige vor!

Schließlich die Hochschulen. Wurde »Bildung als Bürgerrecht« im vorigen Jahrhundert mit BAföG-Zahlungen materiell unterstützt, so dass auch Kinder aus Arbeiterfamilien studieren konnten, kommen heute nur noch wenige Studentinnen und Studenten ohne Nebenjob aus. Das BAföG ist mit 735 Euro Höchstsatz unzureichend, wenn schon ein WG-Zimmer mehrere hundert Euro im Monat kostet. Wohngeld gibt es allenfalls, wenn das BAföG als Bankdarlehen bezogen wird. Viele Studierende aus finanzschwachen Familien brechen das Studium ab, weil sie von zu Hause keine Unterstützung bekommen, Studium und Nebenbei-Beschäftigung aber nicht zu schaffen sind. Und schon wieder tut sich eine Gelegenheit zum ehrenamtlichen Engagement auf:

> »6.000 Ehrenamtliche engagierten sich bundesweit in 75 lokalen *ArbeiterKind.de*-Gruppen, um Schülerinnen und Schüler über die Möglichkeit eines Studiums zu informieren und sie auf ihrem Weg vom Studieneinstieg bis zum erfolgreichen Studienabschluss und Berufseinstieg zu unterstützen.« [Arbeiterkind].

Verstetigung insgesamt und überhaupt

Noch gleichen die »Engagementlandschaften« in Deutschlands Städten und Gemeinden eher einem Flickenteppich. Die unterschied-

lichen Aufgabengebiete, Strukturen, Träger und Zielgruppen der
3.500 Organisationen und Initiativen, die die Körber-Stiftung 2015
allein auf kommunaler Ebene zählte, sind kaum überschaubar, zumal
sich ihre Zahl seither noch mal deutlich erhöht haben dürfte.

Was fast alle Organisationen kennzeichnet, ist »eine chronische
Unterfinanzierung und Unterausstattung mit personellen Ressourcen«, stellt Gisela Jacob fest [Jacob 2015]. Entsprechend hoch ist bisweilen die Konkurrenz untereinander, wenn es um die Rekrutierung
neuer Ehrenamtlicher oder um die Bewilligung von Finanzierungen
geht. Häufig entstehen Parallelstrukturen. So gibt es allein in Köln
außer der selbstständigen Freiwilligenagentur mindestens drei weitere Vermittlungsstellen bei Initiativen und Verbänden.

Die engagementpolitischen Chefetagen in Bund und Ländern
haben es sich zur Aufgabe gemacht, Struktur in diese Unübersicht-
lichkeit zu bringen – mit ein bisschen Geld und viel PR. Das Bundesministerium für Familie, Senioren, Frauen und Jugend (BMFSFJ)
versucht seit 2015, mit dem Programm *Engagierte Stadt* den Flickenteppich zu vernetzten und zu strukturieren:

> »Engagierte Stadt unterstützt den Aufbau bleibender Engagement-
> landschaften in Städten und Gemeinden in Deutschland und fördert
> Kooperationen statt Projekte. Die Engagierte Stadt begleitet Menschen
> und Organisationen vor Ort auf ihrem gemeinsamen Weg zu starken
> Verantwortungsgemeinschaften« [BMFSFJ 2015a].

Für »Engagierte Stadt« stehen etwas über 1 Million Euro pro Jahr
zur Verfügung, 2016 meldet das Ministerium die Teilnahme von 55
Gemeinden bundesweit, von Ammerbuch bei Tübingen bis Zwickau
in Sachsen, macht etwas über 6.000 pro Jahr pro Gemeinde. Eine bescheidene Summe? Wichtig ist ja die gute Absicht:

> »Diese Einrichtungen haben das Potenzial, als lokale Zentralen syste-
> matisch Engagement vor Ort zu entwickeln und zu fördern, sind aber
> in der Praxis oft unzureichend ausgestattet, zu wenig profiliert und
> kaum miteinander vernetzt.
>
> Hier setzt das Programm Engagierte Stadt an. Es will die Engage-
> ment unterstützenden Einrichtungen beraten, begleiten und finanziell

in die Lage versetzen, vor Ort lokales Engagement und Engagement-
strukturen zu stärken. Welchen Weg die lokalen Engagementorga-
nisationen dabei beschreiten wollen, entscheiden sie selbst. Sie sind
die Experten für die Situation in ihrem Gemeinwesen, sie wissen, was
gebraucht wird: Strategien, Fundraising, Themendebatten, Beteili-
gungsprozesse oder vieles andere. Erwartet wird auf jeden Fall, dass
die lokalen Prozesse auf Kooperation, Vernetzung und Nachhaltigkeit
ausgerichtet sind. Neben den Infrastruktureinrichtungen sollen die
kommunale Verwaltung, Unternehmen, Vereine und Stiftungen an
dem Prozess beteiligt werden, also möglichst alle, die mit dem Thema
zu tun haben.«

So schreibt es Alina Mahnken von der federführenden Körber-Stiftung. 2018 haben sich weitere Stiftungen dem Projekt angeschlossen.
»Engagierte Stadt« wurde noch einmal um zwei Jahre verlängert und
bis 2019 um weitere zwei Millionen Euro aufgestockt. Die finanziell
darbenden Teile der »Engagementlandschaften« und die Gemeinden, in denen sie wirken, nehmen die Almosen dankbar an.

Die Bundesländer blieben ebenfalls nicht untätig. Das Sozial-
ministerium von Mecklenburg-Vorpommern legte bereits 2014 ein
Modellprojekt *Mitmach-Zentralen* auf, das Freiwillige vermitteln
und ehrenamtliches Engagement in den Landkreisen bündeln soll.
Die CDU/FDP-Landesregierung von Nordrhein-Westfalen nutzt die
neue Konjunktur des Begriffs »Heimat«, um ein *Heimat-Förderungs-
Paket* von 113 Millionen Euro auf den Weg zu bringen, mit dem bis
2022 *Heimat-Schecks, Heimat-Preise, Heimat-Werkstätten, Heimat-
Zeugnisse* und ein *Heimat-Fonds* finanziert werden sollen:

»Heimat ist das, was in unserer Gesellschaft Menschen miteinander
verbindet, was einen starken Zusammenhalt in einer aktiven Bürgergesellschaft ausmacht«, sagt Ministerin *Ina Scharrenbach.* »Mit dem
Geld werde die Vielfalt der Aktivitäten gewürdigt und das ehrenamtliche Engagement für Heimat wertgeschätzt. (…) In der ersten Phase
unserer Heimataktivitäten war es wichtig, die Vielfalt des Themas zu
beleuchten und das seit langem vorhandene Engagement in eine gemeinsame Heimatstrategie einzubinden. Das wechselseitige Kennen-

lernen und die Wertschätzung der Ehrenamtlichen standen am Anfang des Prozesses, der kontinuierlich und konsequent weiter verfolgt
wird« [Nordrhein-Westfalen 2018 b].

Schade nur, dass der zum Auftakt eingeladene »Heimatsänger« *Hei-
no* die Ministerin mit einer Schallplatte beschenkte, auf der mehrere
Lieder zu hören sind, mit denen bereits die SS ihren Heimatgefühlen
Ausdruck verlieh.

Die Begrifflichkeiten, die die seit 2017 amtierende CDU-FDP-
Landesregierung einführt, markieren eine neue Drehung der Ideo-
logieschraube – weg vom Subsidiaritätsgedanken des »fürsorglichen
Miteinanders«, weg auch vom US-amerikanisch beeinflussten Kom-
munitarismus der *Caring Community* hin zur original deutschen
Heimattümelei.

Institutionalisierung –
Pflege und »Frühe Hilfen«

Frau F., ehemalige Verwaltungsangestellte, jetzt Rentnerin, arbeitet mehrmals in der Woche ehrenamtlich in einem Altenheim der Caritas. Dort hat sie sich mit einem Bewohner angefreundet, der unter Multipler Sklerose leidet und Hilfe beim Essen braucht. Die würde er auch bekommen, allerdings auf seinem Zimmer und in der im Abrechnungskatalog der Pflegekasse dafür vorgesehenen Zeit von 15 bis maximal 20 Minuten. Frau F. begleitet den alten Herrn regelmäßig zum Essen in den Speisesaal und hilft ihm so dabei, ein Teil der Gemeinschaft zu bleiben.

Rollstühle schieben, Gymnastikkurse leiten, gemeinsames Singen, Begleitung auf Spaziergängen und Ausflügen, Dienst im Altenheim-Café – Wohlfahrtsverbände, Altenheimträger und Kirchen bemühen sich ständig darum, für solche Tätigkeiten Freiwillige einzuwerben. Die große gesellschaftliche Baustelle »Pflege« ist schon lange auf Zuarbeit von Ehrenamtlichen in großem Umfang angewiesen. Nicht nur, weil allein in der Altenpflege 15.000 Stellen für Fachpersonal und 8.500 Stellen für Hilfspersonal nicht besetzt sind, in der Krankenpflege bei 11.000 aktuell (2017) nicht besetzten Stellen von Fachkräften rechnerisch sogar bis zu 100.000 Fachkräfte fehlen, wenn der Personalschlüssel dem tatsächlichen Bedarf angepasst würde.

Im Vergleich zu anderen EU-Ländern gibt sich Deutschland knauserig, was die Pflege der Alten anbelangt: Höhere Anteile am Bruttoinlandsprodukt BIP als in Deutschland fließen in Schweden, Dänemark und den Niederlanden in die Pflege [Pflegenotstand].

Sowohl Kranken- wie Altenpflegepersonal gehören zu den am
stärksten belasteten Berufstätigen, der Personalschlüssel ist zu niedrig, die Arbeitsbelastung hoch. In Norwegen hat eine Krankenpfle-
gekraft im Schnitt 3,8 Patienten zu betreuen, in Deutschland 10,8
[Gewerkschaft ver.di 2014a]. Das Abrechnungssystem der Pflegeversicherung mit seinen minutengenauen Vorgaben, die keine Zeit für
Zuhören, für ein Gespräch, für menschliche Zuwendung lassen, belastet die Pfleger/innen zusätzlich. Die Unterstützung anderer und
die Sorge für sie, seien sie jung, alt oder krank, ist Beziehungsarbeit
und eigentlich nicht unter marktwirtschaftliche Verwertungszwänge
subsumierbar. Eigentlich. Inzwischen stehen hauptamtliche Pflegekräfte durch enge Zeitvorgaben für einzelne Verrichtungen und hohen bürokratischen Aufwand bei Dokumentation und Abrechnung
mit den Kostenträgern unter großem Druck. Zuwendung, Empathie,
Einfühlungsvermögen, ursprünglich die Kernkompetenz von Pflege-
personal, werden nicht bezahlt, finden daher nur noch ausnahms-
weise statt.

Nicht nur *Ulrich Schneider*, Hauptgeschäftsführer des *Paritäti-
schen Wohlfahrtsverbandes*, fragt, wie es dazu kam, »eine Arbeit mit
Menschen auf bizarre Weise völlig menschenfremd zu zerlegen«
[Schneider].

Ein Beispiel aus Berlin zeigt, wie die Ökonomisierung das Humane aus der Pflege wegrationalisiert hat, um es an Ehrenamtliche
zu delegieren: Ein gehbehinderter Rentner wird morgens von der
hauptamtlichen Pflegekraft einer Diakonie-Station versorgt: Hilfe
beim Waschen, Brote schmieren, die Wäsche in die Waschmaschine
stecken. Für all das ist gerade einmal eine Viertelstunde Zeit, in der
die Pflegekraft ihre Tätigkeit auch noch dokumentieren muss, bevor
sie oder er zum nächsten »Fall« eilt. Auch wenn die minutengenaue
Erfassung aller Handgriffe und ihre Meldung an das Abrechnungs-
zentrum der Kasse inzwischen per App, also mittels computerge-
stützter Softwaresysteme, geschieht – Zeit für ein Schwätzchen ist
nicht drin.

Dafür sorgt in ihrer Freizeit die Ehrenamtliche eines Besuchsdienstes, die mit dem Rentner spazieren geht, auf einen Kaffee oder Eis beim Italiener einkehrt. Das Besondere: Diese Frau ist selber hauptberufliche Altenpflegerin. »In meinem Beruf habe ich kaum Zeit für die Leute«, klagt sie, »ich wollte endlich jemanden haben, bei dem ich nicht auf die Uhr gucken muss, sondern den ich verwöhnen kann« [Pinl 2013, S. 48].

Um die humanen Qualitäten der Pflege halbwegs zu retten, dürfen es also gern noch mehr Engagierte sein, noch viel mehr. Das hat auch die Politik erkannt und bastelt kontinuierlich an der »Weiterentwicklung der Versorgungsstrukturen«, an einem »Netzwerk Pflegebegleitung«, das »aus bürgerschaftlichem Engagement und Selbsthilfe vernetzten Systemen im Pflegemix« besteht, so die einschlägigen Beschwörungsformeln:

> »Es braucht drei Akteure: Familie, professionell erbrachte soziale Dienste, ambulant oder in Heimen, und nicht zuletzt ehrenamtliche Helfer. Wenn wir die ehrenamtlichen Strukturen heute nicht aufbauen, dann wird es zu einer menschlichen Katastrophe kommen«, urteilte Bundesfamilienministerin *Ursula von der Leyen* 2008 [Neumann, S. 204].

Katastrophenszenarien sind auch bei diesen Appellen üblich, Szenarien, die politisch verursachte Missstände umstandslos in die Zukunft projizieren. Der bekannte Psychiater und Soziologe *Klaus Dörner* setzt angesichts der drohenden »Vergreisung« der Gesellschaft auf einen »Bürger-Profi-Mix« und meint damit einen Kern von Professionellen, um den herum sich ein Kranz ehrenamtlich-bürgerschaftlich Tätiger, in unterschiedlicher semi-professioneller bis professioneller Ausprägung, gruppiert. »Nur so lassen sich die wirklich segensreichen und unersetzlichen Kerne des professionellen Helfens dauerhaft finanzieren«, behauptet Dörner. Auch Freiwilligenarbeit gegen »Aufwandsentschädigung«, die unter dem Deckmantel der Ehrenamtlichkeit zu einem neuen Niedriglohn-Sektor geführt hat, findet Dörners Beifall: Der »soziale Zuverdiener«, wie er die monetarisierten Ehrenamtlichen nennt, profitiert in Dörners Sichtweise geradezu vom Pflege-Elend:

»Nicht wenige Menschen sind wegen der Verknappung der Erwerbsarbeit zu ihrer finanziellen Absicherung auf einen Zweit- oder Drittjob
angewiesen. Dem kommt der wachsende gesellschaftliche Hilfebedarf
entgegen. Im Unterschied zu den ehrenamtlichen Helfern bisherigen
Typs haben die neuen Bürgerhelfer oftmals neben einem Zuviel an
freier Zeit zugleich ein zu geringes Einkommen. Sie bilden den neuen
Bürgertyp des sozialen Zuverdieners oder des Semiprofessionellen; sie
geben nicht nur Zeit, sondern nehmen auch Geld« [Dörner].

Gesagt, getan. Das Pflege-Neuausrichtungs-Gesetz von 2012 erlaubt
zugelassenen stationären Pflegeeinrichtungen ausdrücklich, ehrenamtlichen Helfer/inne/n Aufwandsentschädigungen zu zahlen.

So passt doch alles bestens zusammen. Statt »Pflegenotstand«
nun »Pflegemix« oder »Pflegedreieck« bis hin zu flächendeckenden
»sorgenden Gemeinschaften« (*Thomas Klie*), inklusive Niedrigst-
lohnsektor.

Die tragende Rolle der Ehrenamtlichen im Pflegemix, ob mit
oder ohne Aufwandsentschädigung, wird nicht nur nicht mehr hinterfragt, sie ist bereits schon länger gesetzliche Norm. Das die Pflegeversicherung regelnde Sozialgesetzbuch XI (SGB XI) beteuert zwar
am Anfang des Paragrafen-Konvoluts: »Die pflegerische Versorgung
der Bevölkerung ist eine gesamtgesellschaftliche Aufgabe.« Um aber
gleich im nächsten Absatz das »Pflegedreieck« aus öffentlicher Daseinsvorsorge, Familien- und Nachbarschaftsunterstützung sowie
Ehrenamt zu institutionalisieren:

»Die Länder, die Kommunen, die Pflegeeinrichtungen und die Pflegekassen (…) unterstützen und fördern (…) die Bereitschaft zu einer
humanen Pflege und Betreuung durch hauptberufliche und ehrenamtliche Pflegekräfte sowie durch Angehörige, Nachbarn und Selbsthilfegruppen und wirken so auf eine neue Kultur des Helfens und der mit-
menschlichen Zuwendung hin.« [SGB XI, § 8, Abs. 1 und 2]

Bereits im Pflege-Weiterentwicklungsgesetz von 2008 wurde das
Vertrags- und Vergütungsrecht der Pflegeversicherung dahingehend
geändert, dass Kosten für die Schulung und Begleitung von pflegenden Angehörigen ebenso von den Pflegekassen übernommen wer-

den wie Kosten, die den Trägern für die Beschäftigung von Ehrenamtlichen entstehen. Der Spitzenverband Bund der Pflegekassen ist
verpflichtet, niedrigschwellige Betreuungsangebote und Gruppen
ehrenamtlich Pflegender mit 25 Millionen Euro jährlich zu unterstützen, die Bundesländer müssen diese Summe noch mal um den
gleichen Betrag aufstocken (Stand 2017).

Die Verwendung von Pflegekassen-Mitteln »zur Förderung und
zum Auf- und Ausbau von Gruppen ehrenamtlich tätiger sowie
sonstiger zum bürgerschaftlichen Engagement bereiter Personen, die
sich die Unterstützung, allgemeine Betreuung und Entlastung von
Pflegebedürftigen, von Personen mit erheblichem allgemeinen Be-
treuungsbedarf sowie deren Angehörigen zum Ziel gesetzt haben«,
ist in mehreren Paragrafen des SGB XI verankert [SGB XI].

Zwischen unzureichend bezahlten Pflegefachkräften und dem
»Pflege-Ehrenamt« gibt es zahlreiche Mischformen. »Patientenbe-
gleiter« sollen insbesondere Älteren und Demenzkranken durch den
Krankenhausalltag helfen.

»Pflegeassistenten«, »Alltagsassistenten« oder »Betreuungsassis-
tenten« haben eine mehrmonatige Kurzausbildung absolviert und
verdienen je nach Stundenzahl zwischen 1.000 und 2.000 brutto [Be-
treuungsassistent/inn/en]. »Alltagsbegleiter« darf man sich nennen
nach einer mehrwöchigen Ausbildung, entweder bezahlt von der
Arbeitsagentur oder zum Selbstkostenpreis von rund 1.000 Euro.
Der Verdienst liegt bei etwa 1.700 Euro im Monat für eine Vollzeittä-
tigkeit, oft werden aber nur Teilzeitverträge oder 450-Euro-Jobs angeboten. Alltagsbegleiter, de facto regelmäßig Alltagsbegleiterinnen,
helfen stationär oder zu Hause Gepflegten bei kleineren Alltagsver-
richtungen im Haushalt, hören zu, begleiten bei Spaziergängen oder
dem Arztbesuch [Alltagsbegleiter/in].

Die Bundesvorgaben sind in entsprechende Landesgesetze und
Verordnungen übernommen worden, die zum Teil recht unterschiedlich ausfallen und weitere Ehrenämter oder prekäre Beschäftigungen geschaffen haben.

Vor allem in den ostdeutschen Bundesländern werden diese

Arbeiten häufig gratis oder mit kleiner Aufwandsentschädigung geleistet. In Sachsen bekommen Alltagsbegleiter für mindestens 32 Stunden im Monat 80 Euro, die Trägerorganisation erhält »für jeden Alltagsbegleiter, der monatlich mindestens 16 Stunden im Einsatz ist«, 20 Euro aus der Kasse des Freistaats [Sachsen]. »Nachbarschaftshelfer/innen« übernehmen auch Haushaltstätigkeiten wie Wäschewaschen und Putzen, zum Beispiel in Bremen:

> »Für die Nachbarschaftshilfe wird zwischen Ihnen und dem Dienstleistungszentrum ein Vertrag mit einer Pauschale von aktuell 26 € pro Monat abgeschlossen (ab dem 01.07.2016). Die organisierte Nachbarschaftshilfe ist eine ehrenamtliche Tätigkeit mit einer pauschalen Aufwandsentschädigung von 7,15 € pro Stunde.« [Bremen].

Peter Klenter von der Gewerkschaft ver.di machte 2014 auf die Gefahr aufmerksam, dass durch diese »semi-professionellen« (Klaus Dörner), monetarisierten Ehrenamtlichen ältere Ausbildungsberufe wie z. B. Familienpflegerin oder Familienhelferin mit sozial-pädagogischer Fachrichtung verdrängt werden. Durch das *Familienpflegezeitgesetz* bekommen Angehörige die Chance, sich freistellen zu lassen, aber es wachse auch der moralische Druck auf Familienmitglieder, vor allem auf berufstätige Frauen, eine berufliche Auszeit zu nehmen für Aufgaben, die früher von professionellen Familienpflegerinnen geleistet wurden [Gewerkschaft ver.di 2014 b].

Die zwischen 2015 und 2017 erlassenen »Pflegestärkungsgesetze« stellen für »zusätzliche Betreuungsleistungen« in der häuslichen Pflege, insbesondere von Demenzkranken, Geld zur Verfügung. Die Beträge über 100 oder 200 Euro monatlich reichen jedoch auch nur zur Beschäftigung weiterer »sozialer Zuverdiener«.

Die Vielzahl »niedrigschwelliger Betreuungsangebote«, die ganze Vielfalt des »pflegerischen Versorgungsmix« unterschiedlichster Träger, finanziert aus unterschiedlichsten Bundes-, Landes- und kommunalen Töpfen, ergänzt durch Spenden, ist kaum noch überschaubar. Für die der Freiwilligen-Ökonomie zuarbeitende Bildungsindustrie hat sich ein neuer Geschäftszweig aufgetan: Bildungsträger profitieren, weil mehrwöchige bis mehrmonatige Ausbildungen der

»Semi-Professionellen« häufig von den Arbeitsagenturen bezahlt werden. Auch Freiwilligenagenturen, Kliniken und andere Organisationen bieten Schulungen für Interessierte, die diese bezahlen müssen, falls sie sich nicht zu längerfristiger ehrenamtlicher Tätigkeit verpflichten.

Sozialunternehmen, Verbände und andere anerkannte Träger koordinieren den Einsatz der »Alltagsbegleiter«, der »Klinikbegleiter«, der Besuchsdienste in den Familien von Demenzkranken, der »Nachbarschaftshelfer«. Die Trägerorganisationen kassieren bis zu 15 Euro die Stunde dafür von den zu Pflegenden, die zu Hause leben, Geld, das diese von der Pflegekasse zum Teil ersetzt bekommen. Die Aufwandsentschädigung der Freiwilligen beträgt fast immer weniger als der gesetzliche Mindestlohn.

Kommerzielle Anbieter haben diesen Markt ebenfalls entdeckt und bieten Betreuungsdienste an, die nicht von den Pflegekassen getragen werden, wie »Seniorenassistenz« zu Stundensätzen von 20 oder 30 Euro [Seniorenassistenz].

Weitere Institutionalisierung – das Bundeskinderschutzgesetz

Die Pflege ist nicht der einzige Bereich, in dem Ehrenamtliche oder »soziale Zuverdiener« bereits qua Gesetz vorgesehen sind, um die Lücken in der sozialen Sicherung zu füllen. Ein weiteres Beispiel ist das Bundeskinderschutzgesetz samt seiner Ausführungsbestimmungen. Die Zahl der Familien, die mit der Kindererziehung überfordert sind, steigt. Ausgelöst durch alarmierende Fälle von Kindesmisshandlungen und -tötungen in den Jahren davor, normiert das Gesetz von 2012 Hilfsangebote für Eltern kurz vor und nach der Geburt.

Über die Stiftung »Nationales Zentrum frühe Hilfen« unterstützt der Bund mit zur Zeit 51 Millionen Euro im Jahr lokale Netzwerke, bestehend aus Sozial-, Gesundheits- und Jugendämtern, Schulen, Polizeidienststellen und Krankenhäusern, die flächendeckend die »Frühen Hilfen« organisieren. Ausdrücklich erwähnen die Förderrichtlinien, dass »Ehrenamtsstrukturen im Bereich Früher Hilfen« förderfähig sind [Frühe Hilfen].

In Köln z. B. wird daraus das Programm *KiWi – Kinder-Willkommensbesuche* finanziert, bei dem 180 Ehrenamtliche, zumeist Frauen, im Auftrag städtischer Ämter oder freier Träger nach Kurzausbildung Familien von Neugeborenen aufsuchen und über Hilfsangebote informieren [KiWi Köln].

Analog zum »Pflegemix« ist auch bei den Frühen Hilfen der Grundgedanke, dass Fachkräfte aus dem Sozial- und Gesundheitsbereich mit Ehrenamtlichen kooperieren, wie zum Beispiel im *Wellcome*-Programm des Berliner Stadtteilzentrums Steglitz:

> »Das System ist einfach: HelferInnen, die sich für dieses Ehrenamt interessieren, melden sich bei der wellcome-Koordinatorin. Sie bespricht die Möglichkeiten und Erwartungen mit den Interessierten. Die Aufgabe ist es, während der ersten Monate nach der Geburt, ein- bis dreimal in der Woche für ein bis zwei Stunden in die Familie zu gehen. Dort betreut sie das Neugeborene, spielt mit den Geschwisterkindern oder hört der Mutter oder dem Vater ganz einfach zu und hilft ganz praktisch. Das Ehrenamt ist zeitlich begrenzt, hat aber einen hohen Anspruch. Die HelferInnen werden fachlich begleitet, können eine Aufwandsentschädigung oder Fahrtkosten erstattet bekommen« [Steglitz].

Ehrenamt und Arbeitsmarkt – Monetarisierung

Die Ressource Engagement ist nicht unerschöpflich. Die Selbstverständlichkeit, mit der inzwischen in so vielen Bereichen Gratisarbeit eingefordert wird, findet nicht immer den gewünschten Widerhall, allen Promi-Auftritten und Ehrenamtswochen zum Trotz. Zunehmend wird daher versucht, der Motivation durch Geldzahlungen nachzuhelfen.

Die im vorangegangenen Kapitel geschilderten prekären Jobs der »Semi-Professionellen« im Pflegesektor sind keineswegs die einzigen Beispiele für die zunehmende Monetarisierung der Ehrenamtlichkeit. Die Freiwilligendienste, bei denen man sich länger verpflichtet, zahlen schon immer ein bescheidenes Taschengeld, beim Bundesfreiwilligendienst zur Zeit bis zu 390 Euro im Monat – für einen verbindlichen, berechenbaren Arbeitseinsatz in Vollzeit.

Ehrenamtliche in Berufsverbänden oder in öffentlich-rechtlichen Funktionen kennen Geldzahlungen unter dem Begriff *Aufwandsentschädigung*. Aufwandsentschädigungen bzw. Sitzungsgelder sind bei kommunalen Ehrenämtern gesetzlich abgesichert, andere öffentlich-rechtliche Ehrenämter wie Naturschutzwarte oder Mitglieder von gesetzlich vorgeschriebenen Aufsichtsgremien erhalten ebenso Aufwandsentschädigungen wie die ehrenamtlichen Vorstände großer Vereine oder Verbände, auch wenn es nicht immer so üppig ausfällt wie beim Ehrenamt »Präsident des Deutschen Fußballbunds« mit 86.400 Euro im Jahr. Auch ehrenamtliche Funktionäre des Gesundheitswesens erhalten zum Teil hohe monatliche Entschädigungen, die dazu dienen sollen, ihren Verdienstausfall für die Zeiten zu

überbrücken, in denen sie infolge ihrer ehrenamtlichen Funktion in
Kammern oder Kassenärztlichen Vereinigungen nicht in ihren Pra-
xen tätig sind. Für den Vorsitzenden der Vertreterversammlung der
Kassenärztlichen Vereinigung Niedersachsen beträgt diese Entschä-
digung beispielsweise 6.600 Euro im Monat [KV Niedersachsen].

Geld ist in unserer Gesellschaft nicht nur ein Mittel, um den Lebensunterhalt zu bestreiten. Ein üppiges Gehalt – oder eine dicke
Aufwandsentschädigung – steigern auch das Gefühl der eigenen Be-
deutsamkeit.

Davon können Rentnerinnen, die gegen kleines Geld Theken-
dienste im Altenheim-Café machen oder die Angehörigen von
Demenzkranken entlasten, nur träumen, ebenso alle, die in Ganztagsschulen die Nachmittagsbetreuung begleiten und zum Beispiel
Jugendliche beim Sport anleiten.

»Teilweise werden Stundensätze gezahlt, mal fünf Euro, zwölf
Euro oder noch mehr. Daneben gibt es Modelle des bezahlten Engagements über eine pauschale Aufwandsentschädigung. Hier würde
ich von einer Monetarisierung sprechen, wenn die Pauschalen deutlich über den entstandenen Auslagen liegen«, sagt die Darmstädter
Pädagogik-Professorin *Gisela Jacob*. Sie schätzt, dass rund ein Viertel
aller Engagierten in irgendeiner Form ein Entgelt erhält. Der jüngste Freiwilligen-Survey spricht jedoch von nur knapp zehn Prozent,
macht bei etwas über 30 Millionen Engagierter immerhin drei Millionen Menschen, die damit ihr Einkommen aufbessern [Jacob 2018
und Freiwilligensurvey 2014, S. 379].

Ehrenamt als Business Plan

»Sie gehen für den Nachbarn mit dem gebrochenen Fuß einkaufen,
sie helfen alleinstehenden Senioren beim Kochen oder unterstützen
schmerzgeplagte Rentnerinnen beim Putzen. Was nach klassischer
Nachbarschaftshilfe klingt, kann schnell zum lukrativen Geschäftsmodell werden. Dann nämlich, wenn unter dem Deckmantel des
Ehrenamts Helfer angeworben, in Dienstpläne eingebunden und
unter dem Mindestlohn bezahlt werden. Wohlfahrtsverbände und

Vertreter von Ehrenamts-Organisationen fürchten, dass in der Stadt München auf diese Weise ein neuer Niedriglohnsektor entstehen könnte. Vor allem Langzeitarbeitslose, Hausfrauen und Rentner mit geringem Einkommen sind betroffen« [Staudinger].

Die Altersarmut wächst und ebenso die Zahl der »sozialen Zuverdiener«, fast immer Zuverdienerinnen, die ihre geringen Renten aufbessern wollen. »Diese Menschen nehmen jeden Zuverdienst, den sie bekommen können«, kommentiert der Kommunalpolitiker Christian Müller aus München, einer Stadt mit 269.000 Armen im Jahr 2017, ein Zuwachs von 65.000 innerhalb von fünf Jahren. Müller und der Geschäftsführer der Münchner Caritas, Norbert Huber, warnen vor einem neuen Geschäftsmodell: Internet-Vermittlungsbörsen haben die beiden Faktoren »Arm« und »Steuerfreiheit für Aufwandsentschädigungen im Ehrenamt« geschickt kombiniert: Sie locken Kundschaft an, die sie gegen Gebühr an Haushalte vermitteln, um dort z. B. alleinstehenden Senioren bei der Alltagsbewältigung zu helfen. Die Helferinnen und Helfer gelten als »Solo-Selbstständige«, der Stundenverdienst muss nicht versteuert werden, wenn er unter dem Jahressatz von 2.400 für die »Übungsleiterpauschale« (§ 3, Nr. 26 EStG) oder 720 Euro für die allgemeine Ehrenamtspauschale (§ 3, Nr. 26a EStG) bleibt. Aufwandsentschädigungen für ein Ehrenamt, die monatlich 175 Euro nicht übersteigen werden in der Regel auch nicht auf Hartz-IV-Zahlungen angerechnet [Arbeitslosenselbsthilfe].

Nichtkommerzielle, gemeinnützige Anbieter kennen den Trick mit der Ehrenamtspauschale schon länger:

»Macht es Ihnen Freude, mit älteren Menschen zusammenzuarbeiten und sie bei der Bewältigung des Alltags zu unterstützen? Wir suchen Helfer und Helferinnen, die stundenweise eine der folgenden Arbeiten übernehmen könnten: Einkauf, Reinigung des Treppenhauses, Putzen des Badezimmers, der Fenster usw., Begleitung beim Spaziergang, zum Arzt, zur Apotheke, Hilfe bei der Gartenarbeit und bei kleinen Reparaturen, Unterstützung bei Behördengängen und bei Korrespondenz, Gardinenaufhängen, bügeln, Mahlzeiten zubereiten und sonstige Hausarbeit, Einführung in die Handy- oder PC-Nutzung, den Hund

ausführen (...) Gesucht werden Studierende, Frührentner, Hausfrauen und alle anderen, die einige Stunden im Monat ältere Menschen
in Lindenthal, Sülz oder Klettenberg bei der Haushaltsführung unterstützen wollen.

Ihr Verdienst bei dieser Nebentätigkeit: 9,50 Euro pro Stunde bzw.
12 € für Putzdienste. Die Einkünfte aus dieser Nebentätigkeit sind bis
zur Höhe von 2.400 Euro jährlich steuerfrei, gemäß § 3, Nr. 26 Einkommenssteuergesetz« [Lindenthaler Dienste].

Im Unterschied zu den kommerziellen Anbietern versichern die mit
der evangelischen Kirche verbundenen *Lindenthaler Dienste* in Köln
ihre »Ehrenamtlichen«; aber auch bei diesem gemeinnützigen e.V.
bleibt etwas in der Vereinskasse hängen: Nimmt man die Dienste in
Anspruch, kostet das zwischen 12 und 17 Euro die Stunde, die »Helfer« erhalten 9,50 Euro die Stunde bzw. 12 fürs Putzen.

Bereits 2010 machten Meldungen über noch weitere kreative Kombinationsmöglichkeiten die Runde: Wohlfahrtsverbände
stockten die Stundenzahlen und Gehälter von steuer- und abgabebefreiten Mini-Jobber/innen in Höhe der Übungsleiterpauschale
des Steuerrechts auf. Damals sorgte das für Empörung. Aber diese
Praxis ist legal. »Eine familienversicherte Hausfrau übt im Rahmen
einer abhängigen Beschäftigung eine nebenberufliche Lehrtätigkeit
aus. Sie arbeitet gegen ein monatliches Arbeitsentgelt von 620 Euro.
Vom Arbeitsentgelt wird als Aufwandsentschädigung monatlich ein
Betrag von 175 Euro in Abzug gebracht.« Dieses Beispiel der Aufstockung eines Minijobs durch die Übungsleiterpauschale bei ein
und demselben Arbeitgeber findet sich in den »Geringfügigkeitsrichtlinien der Deutschen Rentenversicherung«. Im nächsten Absatz
wird noch einmal ausdrücklich betont, dass Versicherungsfreiheit
herrscht, weil das Entgelt unter 450 Euro bleibt, die Differenz zur
tatsächlichen Höhe als Aufwandsentschädigung zu werten sei [Minijobzentrale].

Die Wohlfahrtsverbände selber kritisieren die allgemeine Tendenz zur Monetarisierung des Ehrenamts und im Besonderen die
»problematische Verbindung zwischen Minijobs und Übungslei

terpauschale«, so *Gunnar Wörpel,* bis Ende 2017 beim AWO-Bundesverband Referent für Bürgerschaftliches Engagement. Abhilfe ist aber nicht in Sicht. Denn CDU/CSU und SPD schlossen in ihrem Koalitionsvertrag 2013 die »sozialen Zuverdiener« und die »familienversicherte Hausfrau« ausdrücklich vom gesetzlichen Mindestlohn aus. Konsens in den Koalitionsverhandlungen war, »dass für ehrenamtliche Tätigkeiten, die im Rahmen der Minijobregelung vergütet werden, die Mindestlohnregelung nicht einschlägig ist, weil sie in aller Regel nicht den Charakter abhängiger und weisungsgebundener Beschäftigung haben« [Koalitionsvertrag 2013, S. 38]. Folgerichtig wurde die Ausnahme auch im seit 1.1.2015 geltenden Mindestlohngesetz festgeschrieben (§ 22). Geld, das für die Förderung des Ehrenamts gedacht war, entlastet die Kassen der Verbände und sorgt für die Ausweitung des Niedrigstlohnsektors.

Die Übergänge vom Ehrenamt zum weiten Sektor prekärer Beschäftigungen sind also mächtig im Fluss, die Grenzen zwischen niedrigst entlohnten Schein-Ehrenamtlichen auf der einen Seite und den notorisch schlecht bezahlten hauptamtlichen Fachkräften in der Pflege oder in der Kita verschwimmen immer mehr. Sollten die im Koalitionsvertrag von 2018 angekündigten weiteren steuerlichen Entlastungen für Ehrenamtliche umgesetzt werden, werden noch mehr Menschen in diese Form prekärer Beschäftigung gelockt werden.

Offiziell sollen sowohl ehrenamtliche Tätigkeiten allgemein wie die stärker regulierten Freiwilligendienste arbeitsmarktneutral sein, das heißt, keine regulären Arbeitsplätze ersetzen. Die Bufdis vom Bundesfreiwilligendienst oder die FSJler in Kindertagesstätten, Kliniken oder Altenheimen sind dort aber selbstverständlich in die Arbeitsabläufe und Dienstpläne integriert, wie sollte es auch anders sein. Eine vom Bundesfamilienministerium in Auftrag gegebene Studie kommt zwar generell zu der Einschätzung, das »Jobkiller-Argument« sei hinfällig, um aber dann zu spezifizieren:

»Faktisch gibt es kaum Hinweise darauf, dass Arbeitsplätze *aufgrund* ehrenamtlicher Mitarbeit gefährdet oder gestrichen werden. Zwar lassen sich ohne Zweifel Beispiele dafür anführen, dass ehrenamtliches

Engagement eine ehemals hauptamtliche Tätigkeit ersetzt, aber es kann dabei fast immer gezeigt werden, dass *zunächst* die hauptamtliche Stelle aufgrund fehlender Finanzmittel gestrichen wurde, erst *dann* Ehrenamtliche in die Bresche gesprungen sind« [BMFSFJ 2015b, S. 15. Hervorhebungen im Original].

Genau in dieser Reihenfolge passiert es auch: Staat, Kommunen oder Verbände sparen Stellen ein, die Arbeit muss trotzdem irgendwie erledigt werden, die Aufgaben werden Ehrenamtlichen übertragen. Die bereits zitierten »Lindenthaler Dienste« sind ein gutes Beispiel für diese Entwicklung: Bis 2004 beschäftigte man ABM-Kräfte für die Unterstützung von hilfsbedürftigen Menschen. Als die Arbeitsbeschaffungsmaßnahmen von der Arbeitsverwaltung nicht mehr finanziert wurden, kam es zunächst zu Entlassungen, ab 2005 zur Umstellung der Betreuungsangebote auf »ehrenamtliche Basis«.

Besonders häufig trifft es Arbeitsplätze im Kulturbereich, in Museen und Bibliotheken, die oft nur noch dank der Freiwilligen aus den Fördervereinen betrieben werden – und in der Grünpflege. Tatort Klettenberg-Park in Köln, Dezember 2013: Das städtische Grünflächenamt entfernt Rosenstöcke und pflügt das Rosenbeet des denkmalgeschützten Parks um. Begründung: zu wenig Personal, um die kontinuierliche Pflege zu gewährleisten. Große Empörung in der Bürgerschaft, zwölf Anwohner sind bereit, sich kontinuierlich um die Beete zu kümmern, wenn die Stadt neue Rosen pflanzt. Im Februar 2014 schließen die Ehrenamtlichen einen Patenschaftsvertrag mit dem Grünflächenamt, in dem sie sich für mehrere Jahre verpflichten, den Rosengarten zusammen mit weiteren Freiwilligen unentgeltlich zu bearbeiten. 2017 erhielten die fleißigen Rosengärtnerinnen und -gärtner den Ehrenamtspreis der Stadt.

Rückschau: Einer der Freiwilligen erinnert sich, dass er in seiner Jugend, um das Jahr 1960 herum, in diesem Park »ständig mehrere Gärtner traf, die allein für die Rosen zuständig waren«. In den 1990er Jahren kümmerten sich ABM-Kräfte, dann wurden auch diese Stellen gestrichen. Der Rosengarten verfiel. Bis die Freiwilligen kamen [Rosengarten].

Grünpflege in städtischen Parks, Essensausgabe beim Kindermittagstisch, Telefon- oder Fahrdienste in Altenheimen, Beseitigung von illegal abgestelltem Müll – gerade bei Basistätigkeiten, die keine langjährige Berufsausbildung voraussetzen, wird den immer noch zahlreichen Langzeitarbeitslosen mit geringer Qualifikation auch noch die letzte Chance auf einen Erwerbsarbeitsplatz genommen, weil Freiwillige diese Arbeiten kostengünstiger oder umsonst verrichten.

Es gibt jedoch auch die umgekehrte Überlegung, wonach Freiwilligenarbeit eine Brücke in die Erwerbsarbeit sein kann. Auch dafür gibt es Beispiele, vor allem in dem gesellschaftlich innovativen Sektor bestimmter Initiativen im Bereich »Selbsthilfe«. So sind z. B. die Frauenhäuser als Zufluchtsstätten von Frauen gegen familiale Gewalt aus der Frauenbewegung der siebziger Jahre heraus entstanden. Professionalisierung auf der Basis öffentlicher Finanzierung setzte erst nach und nach ein. Weil die institutionelle Förderung, die Zuschüsse aus kommunalen und Landeshaushalten, bescheiden bleiben, wird dort allerdings auch heute noch viel ehrenamtliche Arbeit geleistet.

Sozialverwaltungen und freie Träger versuchen im Rahmen neuer Formen von Sozialarbeit in benachteiligten Stadtvierteln, Bewohnerinnen und Bewohner für ehrenamtliche Quartiersarbeit zu rekrutieren. Das scheint umso besser zu funktionieren, wenn irgendeine Form von Monetarisierung Struktur und Verbindlichkeit festigt. So sind die Projekte der Stadtteileltern/Stadtteilmütter in mehreren Großstädten umso erfolgreicher, wenn diese Frauen für ihre wichtige Arbeit bezahlt werden. In Berlin werden Frauen nicht-deutscher Herkunft vier Monate ausgebildet, um anschließend in migrantischen Communities in Sachen Gesundheit, Bildung, Sprachkurse oder Umgang mit Behörden zu beraten. Sie erklären Familien, wie die Anmeldung zur Kita oder Schule funktioniert, helfen bei den großen und kleinen Sorgen des Alltags, begleiten Familien zu Gesprächen in Büros und Ämter. Seit einigen Jahren sind Berliner Stadtteilmütter fest angestellt mit einem vom Jobcenter und der Senatsverwaltung finanzierten Gehalt von 1.160 Euro (Stand 2017). Perspektivisch soll

»Stadtteilmutter« ein anerkannter Beruf werden, wie Streetworker oder Sozialarbeiterin, wünschte sich im September 2017 die inzwischen zur Bundesfamilienministerin aufgestiegene Bürgermeisterin von Neukölln *Franziska Giffey* [Stadtteilmütter].

Die Befürchtung, Erwerbstätige könnten Ehrenamtlichen die Gratisarbeit wegnehmen, blieb bislang dem Vorsitzenden von Bündnis 90/Die Grünen, Robert Habeck, vorbehalten. In einer Talkshow vermutete Habeck, mehr oder weniger unwidersprochen, Pläne der SPD für einen öffentlich geförderten zweiten Arbeitsmarkt für einfache kommunale Dienste würden »jede ehrenamtliche Tätigkeit ruinieren« [Habeck].

Von der Spendengesellschaft zum philanthropischen Big Business

Gutes tun und damit Geld verdienen (oder zumindest Steuern sparen) – Social Entrepreneurship und Stiftungen
Engagement im Sinne der Philosophie des Helfens kann beides sein: Die einen spenden Zeit und arbeiten ehrenamtlich – aber *time is money* – und wer als Besserverdiener viel beschäftigt ist, spendet Geld. In beiden Fällen ist man sich bewusst, zu den Guten zu gehören.

Benefiz-Schwimmwettbewerbe zugunsten des Fördervereins, der das ehemals städtische Freibad betreibt. *Gaming for Good* – die Gamer-Community spielt ihre Internet-Kriegsspiele zugunsten der Krebshilfe oder eines Kinderkrankenhauses. Fünfmal um den Schulhof laufen, dafür von Eltern oder Großeltern Geld kassieren, das dann für den Wiederaufbau einer Kirche, für Flutopfer oder Obdachlose gespendet wird.

Spendenläufe sind anscheinend bereits an Grundschulen selbstverständlich. Kinder aus armen Familien fühlen sich ausgeschlossen, weil ihren Eltern das Geld dafür fehlt. Aber auch nicht allen Mittelschicht-Eltern gefällt die ständige Spenden-Einforderung. Verweigerer bekommen Druck, weil es doch um die gute Sache geht, wie ein Vater von vier Kindern berichtet [Spendenlauf 1]. Es geht aber auch cooler: »Stell dir vor, du gehst joggen und rettest nebenbei die Welt«, lautet die Werbebotschaft der Lauf-App *Moving Twice*, die Schweizer Studenten entwickelt haben.

> »Mit der Running-App Moving Twice lassen sich zwei Dinge ganz einfach miteinander verbinden: Laufen und Spenden sammeln. Du sammelst Kilometer und Unternehmen spenden Geld an Hilfsprojekte. Bringt garantiert mehr Motivation beim Training« [Spendenlauf 2].

Brot und Cappuccino für die Armen

Seit der Gründung der Fernsehlotterie *Aktion Sorgenkind* (heute *Aktion Mensch*) vor über 50 Jahren hat sich viel getan. Inzwischen kann man sogar beim Kaffeetrinken nebenbei ein bisschen die Welt retten. »Gutschein für einen Cappuccino« steht auf kleinen Notizzetteln in Cafés der Kölner Südstadt. Gedacht für Menschen, die sich keinen Cafébesuch leisten können, gespendet von Menschen, die für einen Kaffee oder ein Stück Kuchen freiwillig den doppelten Betrag zahlen. Das Konzept beruht auf dem Vorbild des »aufgeschobenen« Kaffees (*Caffè sospeso*), das in Neapel bereits Tradition hat und sich nun auch in Deutschland verbreitet. *Brot am Haken* funktioniert genauso: Kunden zahlen ein oder mehrere Produkte beim Bäcker extra, damit sie jemand, der es sich sonst nicht leisten könnte, genießen kann. Solidarität mit Unbekannt sozusagen und eine Geste der Hilfsbereitschaft. *Michael Spitzenberger* hat das Projekt Brot am Haken vor gut zwei Jahren in München gestartet, heute nehmen über 30 Geschäfte teil – darunter Bio-Bäckereien, Eisdielen, ein angesagter Münchner Falafel-Laden. Sogar einen »Haarschnitt am Haken« gibt es in einem teilnehmenden Friseursalon [Brot am Haken].

Ein Netzwerk *Suspended Coffee* ist bereits von Aachen bis Wien in ganz Mitteleuropa aktiv.

Laufen, Schwimmen, Rudern, Daddeln, Golfen, Essen, Kaffeetrinken und Haareschneiden für den guten Zweck – »Charity Golfturnier im Bergischen, Turniergebühr 80, ermäßigt 50 inkl. Party und Büffet« [Golf]. Armut ist nicht schlimm, man muss nur kreativ damit umgehen.

Das umweltschädlichste Verkehrsmittel, das Flugzeug, benutzen und gleichzeitig den Regenwald retten, auch das geht: »Mit der freiwilligen Abgabe eines Beitrags für den Klimaschutz können Sie den verursachten Klimaschaden kompensieren und in gewisser Weise klimaneutral fliegen. Das Geld fließt in Klimaschutzmaßnahmen und leistet oft noch einen Beitrag zur Entwicklungshilfe« [Klimaschutz].

Besonders gern beteiligen sich Prominente an Benefiz-Veranstaltungen. »Pippa Middleton radelt quer durch die USA«, meldeten die

Medien 2014. Auf der 4.800 km langen Tour sammelte die Schwäge-
rin von Prinz William Geld für benachteiligte Kinder. Striche man
den britischen Royals die Apanagen und besteuerte ihren großen
Land- und Immobilienbesitz in der Höhe, die für normale Menschen
gilt, könnte man mit dem eingesparten Geld hunderttausenden benachteiligten Kindern helfen. Aber in der Berichterstattung über
derartige Veranstaltungen geht es nicht darum, politische Zusammenhänge auszubreiten.

Geradezu zynisch wirkt das alljährliche Promi-Schaulaufen kurz
vor Weihnachten – »Promis feiern für Kinder in Not«, lauten dann
die Überschriften, gern auch vor der Kulisse von Obdachlosen: »Ad-
ventsmusik, Punsch, Leckereien und Promis zum Anfassen: Zur
Weihnachtsfeier für 600 Obdachlose der Münchner Tafel kommen
am Montag Fußball-Legende Paul Breitner, Schauspielerin Gisela
Schneeberger und Stars der TV-Serie ›Die Rosenheim Cops‹« (gucken Obdachlose fern?) … »Ex-OB Christian Ude eröffnet die Feier
von Funk Catering in der Alten Bayerischen Staatsbank« [Advent].
»Sauerbraten von Mariele« titelt die Kölner Presse die einschlägige
Veranstaltung unter anderem mit Mariele Millowitsch. Auf dem Foto
trägt die Lokal-Prominenz Kochmützen und sieht entsprechend be-
scheuert aus. Aber Hauptsache, man kann sich in moralischer Selbst-
vergewisserung wiegen [Millowitsch]. Prominente, deren Ruhm zu
verblassen droht, scheinen es besonders nötig zu haben, sich als
Wohltäter zu inszenieren: Boris Becker renoviert mit aufgekrempel-
ten Ärmeln tatkräftig einen Schulhof in Berlin-Friedrichshain und
lädt dazu die Medien ein [Becker].

Aber um Gutes zu tun, muss man nicht prominent sein. Auch
kleine Spenden sind willkommen. Es gibt inzwischen kaum noch
irgendwo eine Laden- oder Supermarktkasse, an der man nicht zu
irgendeiner Spende aufgerufen wird. Oder noch einfacher: Man erfährt, dass beim Kauf dieses oder jenes Artikels sozusagen automatisch und ungefragt ein kleiner Teil der Kaufsumme an ein gemeinnütziges Projekt weitergeleitet wird. Neulich im Café in der Kölner
Innenstadt: Vermerk auf der Sprudelwasserflasche, dass ein Teil des

Erlöses an gemeinnützige Projekte geht: Hilfe für Familien in der Mongolei, Tierschutz in Bulgarien, Kinder und Jugendtreff in Weidenau bei Siegen …

Die Menge macht's: Rund 21 Millionen Menschen spendeten 2017 in Deutschland rund 5,2 Milliarden Euro an gemeinnützige Organisationen [Deutscher Spendenrat].

Gutes tun und damit Geld verdienen – neue Geschäftsmodelle
Der kleinteilige Spendenlauf zugunsten einer Schule oder das Promikochen für lokale Obdachlose sind längst nicht mehr charakteristisch. Das Spendenwesen hat sich zu einem Milliarden-Business entwickelt und viele verdienen daran nicht schlecht. Auch hinter auf den ersten Blick sympathischen Initiativen wie Cappuccino für Arme steckt eine Marketing-Idee, zumindest in der Kölner Südstadt. Die dortigen Gastronomen beteiligen sich an einem von Studierenden des Fachbereichs *International Business* der TH Köln initiierten Projekt mit »sozialen, nachhaltigen und unternehmerischen Komponenten«, wie es in Presseberichten hieß – Umsatzsteigerung durch Mildtätigkeit. Das gute Gewissen gibt es gratis dazu [Cappuccino in Köln].

Dank digitaler Vernetzung lassen sich Spendensammeln, Fundraising und *Crowdfunding* auf breiter Basis betreiben, was die zahlreichen *Start-ups* unter den Sozialunternehmen nutzen, die hier ihr Geschäftsmodell entdeckt haben. »*Deutschland rundet auf* schafft durch Aufrunden Kinderarmut in Deutschland ab«, brüstet sich das Unternehmen von *Christian Vater*, der 2009 diese Idee hatte: An der Supermarktkasse runden Käufer/innen Cent-Beträge freiwillig zugunsten wohltätiger Zwecke auf. 2012 bestand die Möglichkeit bereits an 40.000 Kassen von Textildiscountern, Parfümerien und Sportgeschäften, Cent-Beträge entsprechend umzuleiten. Das so gesammelte Geld fließt in Projekte, die eine gemeinnützige GmbH und eine ebenfalls von Christian Vater gegründete Stiftung auswählen. So werden zum Beispiel Projekte zur Sprachförderung von Kindern unterstützt. Jeder gespendete Cent fließe zu 100 Prozent in die Wohltätigkeit, versichert die Website. Und das Gehalt von immerhin 6.500

Euro monatlich, das sich der Geschäftsführer selber auszahlt? Die
Gehälter seiner Mitarbeiter? Die teilnehmenden Unternehmen, darunter KiK, Penny, Kaufland, Netto und Toom, entrichten eine Gebühr an die GmbH, zwischen 1.000 und 100.000 Euro, je nach Um-
satz [Knobloch].

Im Beratergremium von *Deutschland rundet auf* sitzen Hoch-
schullehrer, die das Spenden, sei es Geld, sei es Zeit, wissenschaftlich
erforschen: Sebastian Braun vom Forschungszentrum für Bürgerschaftliches Engagement an der Humboldt-Universität Berlin und
Helmut Schneider von der privaten Berliner Steinbeis-Hochschule,
wo er »Marketing und Dialogmanagement« lehrt.

2009 gründete ein cleveres Ehepaar aus Baden-Baden Deutschlands erstes *Charity-Auktionsportal*. Dort kann man einen signierten
Bildband von Udo Lindenberg ersteigern, einen Abend mit Helene Fischer, ein Leibchen eines Ski-Profis oder einen Logenplatz für ein Spiel
des FC Bayern. Die so eingesammelte Summe betrug Anfang 2018
über 7 Millionen Euro. Angeblich geht das Geld ohne Abstriche an
Kinderhilfsprojekte in Deutschland und weltweit [United Charity].

Dank moderner Internettechnik läuft der Motor der Spendengesellschaft landesweit und international auf neuestem technologi-
schem Niveau: *Enterbrain 2.0* nennt sich die angeblich »optimale
Software für Fundraising und Spenden-Verwaltung«. »Wir bei *Altru-
ja* wollen jeden Tag aufs Neue dazu beitragen, die Welt ein Stückchen
besser zu machen ... Insbesondere das Spenden mit MasterCard
wird immer wichtiger ...« [Spenden 4.0].

Die Plattform-Ökonomie, die selber nicht im operativen Geschäft tätig ist, hat sich längst auch in der Spenden-Industrie breit
gemacht. Nach eigenen Angaben sammeln über 20.000 Projekte in
aller Welt Spenden über die Internet-Plattform *Better Place:* »Wir
bieten Organisationen mehr Reichweite über Marketingkampagnen,
Partnerportale oder zusätzliche Spenden durch unsere Unterneh-
menspartner. Zudem können Spender Dauerspenden einrichten.«
Es bestehen Verbindungen unter anderem zur Axel Springer AG und
der Wirtschaftskanzlei Görg [Better Place].

Das Spenden-Business selbst wird betriebswirtschaftlich optimiert und möglichst global vernetzt. Management-Neusprech hält
Einzug: Indem jeder »Player« in der Wertschöpfungskette der Pro-
duktvermarktung motiviert werde, zur Lösung gesellschaftlicher
Probleme beizutragen, verbreite sich sozialer Wandel, lobte das
Internetportal *Ashoka Deutschland* 2012 das Projekt »Deutschland
rundet auf« [Ashoka].

Ashoka, eine US-amerikanische Organisation, unterstützt in 70
Ländern sogenannte Sozialunternehmer, die in Bereichen arbeiten,
die eigentlich zu den Aufgaben funktionierender Staatlichkeit gehören: Bildungsreform, Umweltschutz, Bekämpfung von Kinderarmut, Hilfen für arme Landbevölkerung. Der bekannteste Name bei
Ashoka ist *Muhammad Yunus*, Erfinder der Mikrokredit-Program-
me.

»Um einen nachhaltigen, weitreichenden Einfluss zu entfalten,
muss die Philanthropie wie ein Unternehmen geführt werden – dis-
zipliniert, strategisch und ergebnisorientiert«, rät der kanadische
Unternehmer *Charles Bronfman*, Vorsitzender einer Stiftung, die
seinen Namen trägt [Bronfman]. Erfolgreiches Spenden-Sammeln
lässt sich nach den gleichen betriebswirtschaftlichen Kriterien op-
timieren wie andere Geschäftszweige, finden inzwischen auch die
in Deutschland im *Non-Profit*-Sektor tätigen Unternehmensberater
und Consultants. »Die Zivilgesellschaft muss ihr Potenzial besser
ausschöpfen. Wir brauchen Marktmechanismen, um sie zu stärken«,
weiß *Andreas Rickert*. Der ehemalige McKinsey-Mitarbeiter ist Chef
von *Phineo*, einer Organisation, die er 2009 zusammen mit einem
weiteren McKinsey-Kollegen als gemeinnützige Aktiengesellschaft
gründete mit dem Ziel, Qualitätsmanagement in der Spendenindustrie einzuführen. »PHINEO ist ein gemeinnütziges Analyse- und
Beratungshaus für wirkungsvolles gesellschaftliches Engagement.
Gutes noch besser tun – dafür setzen wir uns ein«, heißt es auf der
Homepage. Vorbild war die Organisation *New Philantropy Capital*,
die 2002 von ehemaligen *Goldman Sachs*-Mitarbeitern in London
gegründet wurde.

»Wirkungsorientierung« heißt das Stichwort, unter dem Phineo agiert. Das Unternehmen bietet gemeinnützigen Projekten und Organisationen kostenlos ein Evaluierungsverfahren, das Leistungen bewertet und das Erreichen oder Nicht-Erreichen von Zielen feststellt. Die AG wird institutionell gefördert, u. a. von der Bertelsmann-Stiftung, der Stiftung Mercator, der Deutschen Börse sowie von den Wirtschaftsprüfungsunternehmen KPMG und PricewaterhouseCoopers.

Die Phineo-Vorstände Andreas Rickert und Klaus-Dieter Becker haben es geschafft, über die Hauptfinanziers hinaus sich ein dichtes Netz an Unterstützern zu knüpfen: Sogenannte strategische Partner sind der 1993 als Dachorganisation gemeinnütziger, spendensammelnder Organisationen gegründete *Deutsche Spendenrat*, die *Stiftung Charité*, 2005 von *Johanna Quandt* gegründet, unter anderem »zur Verbesserung der Rahmenbedingungen für Innovation und Unternehmertum in der Medizin«, und als Partner aus der Wissenschaft das *Centrum für soziale Investitionen und Innovationen* der Universität Heidelberg [Phineo].

Prominenteste Kundin von Phineo ist *Susanne Klatten*, geborene Quandt. Die BMW-Erbin und angeblich reichste Frau Deutschlands kündigte 2016 an, in den folgenden fünf Jahren 100 Millionen ihres geschätzten 20-Milliarden-Vermögens an Vereine zu spenden, die sich um benachteiligte Jugendliche, um Demenzkranke, Flüchtlinge und Katastrophenopfer kümmern.

»Bevor Klatten ihre Millionen überweist, lässt sie die Vereine von einer Agentur (Phineo; C. P.) durchleuchten, in einem aufwendigen Verfahren werden ›Wirkungspotenzial‹ und ›Leistungsfähigkeit‹ berechnet. Die Unternehmerin will nicht nur Geld geben, sie will auch wissen, ob sich die Spende lohnt. ›Wir verfolgen einen neuen, wirkungsorientierten Ansatz des Spendens‹, sagt sie. Klatten versteht sich als Investorin und hofft auf ›gesellschaftliche Rendite‹. Sie spricht in kurzen, nüchternen Sätzen, sie könnte in diesem Ton auch eine Aufsichtsratssitzung leiten« [Heuser u. a.].

Stiftungen

Nicht allen in der Goodwill-Branche ist die betriebswirtschaftliche
Ausrichtung des Caritativen bis hin zur Kosten-Nutzen-Analyse
geheuer. Die *Stiftung Bürger für Bürger*, laut Selbstaussage »das un-
abhängige Kompetenzzentrum zum Thema bürgerschaftliches En-
gagement«, ist eine Honoratiorenvereinigungen eher traditioneller
Art, 1997 auf Initiative des Bundesfamilienministeriums von einer
Reihe Prominenter gegründet, darunter der damalige Präsident des
Deutschen Fußballbundes Egidius Braun, der ZDF-Moderator und
Bestseller-Autor christlicher Erbauungstraktate Peter Hahne, seinem Moderator- und Bestseller-Kollegen Ulrich Wickert und der
Vizepräsidentin des Malteser Hilfsdienstes, Elisabeth Freifrau Spies
von Büllesheim. Den wesentlichen Teil des Stiftungsvermögens stellte der *Deutsche Sparkassen- und Giroverband e.V.*, wie die Website
dankbar vermerkt. Man trifft sich jährlich zum *Forum Bürgergesellschaft* im Schlosshotel Diedersdorf bei Berlin, wo 2017 das Thema
war, ob nicht »Wirkungsorientierung« Erwartungen wecke, die mit
dem »Eigensinn« von Engagement unvereinbar seien [Bürger für
Bürger].

Im Vergleich zu internetgenerierten Spendenplattformen oder
betriebswirtschaftlich orientierten Organisationen wie Phineo sind
viele Stiftungen geradezu Dinosaurier des Engagements, auch wenn
sie keineswegs vom Aussterben bedroht sind. Im Gegenteil. »Ob für
Kultur oder Soziales, ob für Wissenschaft oder Bildung, ob für jung
oder alt – immer mehr Bürger wollen Gutes tun und bringen ihr Vermögen in eine Stiftung ein«, hieß es in einer Zeitungs-Beilage zum
»3. Kölner Stiftungstag« 2012. Und das sei auch dringend nötig, denn
»in dem Maße, in dem sich die öffentliche Hand vor dem Hintergrund leerer Kassen aus der Finanzierung dieser Bereiche zurückzieht, nimmt der Bedarf an privatem Engagement zu«.

Mit Ursache und Wirkung verhält es sich freilich genau umge-
kehrt, wie der nächste Absatz des PR-Blättchens verrät. Da ist die
Rede vom »Wunsch vieler Bürger mitzubestimmen, wo und wie ihr
Vermögen wirken soll«. Dankenswerterweise trage die öffentliche

Hand »die neue Blüte bürgerschaftlichen Engagements mit, beispielsweise durch Gesetzesnovellen, die das Stiften erleichtern«.

In der Tat: Seit 1998 wurde das Stiftungsrecht immer wieder »re-
formiert«, im Jahr 2000 wurden steuerliche Absetzungsmöglichkei-
ten für Stifter ausgeweitet, es folgte eine Reform der zivilrechtlichen
Rahmenbedingungen und 2007 weitere Steuererleichterungen für
gemeinnützige Stiftungen. Gemeinnützige Stiftungen zahlen weder Körperschafts- noch Gewerbesteuer, sind von Erbschafts- und
Schenkungssteuer befreit.

Wer stiftet, darf jährlich bis zu einer Million Euro von der Steuer
absetzen. »Im Einzelfall trägt der Fiskus mit fast einer halben Million
zur Stiftungsfinanzierung bei«, errechnet *Matthias Holland-Letz*. Die
öffentliche Hand verzichtet also auf erhebliche Steuereinnahmen,
damit die Vermögenden nach eigenem Gusto entscheiden können,
wie sie ihre Millionen und Milliarden einsetzen – ohne demokratische Kontrolle. 2015 betrugen die Mindereinnahmen des Fiskus
durch Steuerersparnis beim Stiften und Spenden für gemeinnützige
Organisationen und Vereine 2,4 Milliarden Euro [Book und Hol-
land-Letz].

Entsprechend boomt das Stiftungswesen. Seit der Jahrtausendwende hat sich die Zahl der rechtsfähigen Stiftungen bürgerlichen
Rechts auf aktuell 21.806 verdoppelt. Ihr Gesamtvermögen wird
auf 100 Milliarden Euro geschätzt; 95 Prozent der Stiftungen sind
als gemeinnützig anerkannt, darunter auch viele der großen unter-
nehmensnahen Stiftungen wie die Bertelsmann-Stiftung, Bosch-Stif-
tung, Quandt-Stiftung etc. [Bundesverband Deutscher Stiftungen].
Zählt man Stiftungen anderer Rechtsformen, nichtrechtsfähige Stiftungen und Kirchenstiftungen hinzu, kommt man auf eine Zahl von
rund 125.000 [Erster Engagementbericht, S. 117].

Gemeinnützige Organisationen sind außer gegenüber dem Fi-
nanzamt nicht zur Offenlegung verpflichtet. Ausnahmen: gemeinnützige GmbHs und gemeinnützige AGs. 2010 startete *Transparency
International Deutschland* die *Initiative Transparente Zivilgesellschaft*:
Stiftungen und andere gemeinnützige Organisationen sollten sich

verpflichten, die Öffentlichkeit über ihre Ziele, finanziellen Mittel und Entscheidungsstrukturen zu informieren. Bis 2018 hatten sich von den fast 22.000 rechtsfähigen Stiftungen 986 Organisationen beteiligt [Transparency].

Sehr viele Stiftungen widmen sich in irgendeiner Form dem Thema bürgerschaftliches Engagement. Für die großen Privatstiftungen wie Bosch, Bertelsmann, Körber, Quandt und Co. und die Stiftungen der politischen Parteien ist es ein Thema neben vielen. Bei anderen aber ist bürgerschaftliches Engagement und zivilgesellschaftliche Motivation der Hauptstiftungszweck. Einige, wie die *Stiftung Bürgermut* des Weinhändlers und langjährigen CDU-Politikers *Elmar Pieroth*, nutzen intensiv neue Medien, kreieren *online*-Werkzeuge und interaktive Plattformen, veranstalten *Barcamps* (offene Tagungen, deren Inhalte und Abläufe von den Teilnehmer/innen selbst festgelegt werden) und sprechen so vor allem junge Leute an, die dort lernen, ihre Projekte zu vernetzen.

Hauptamtliche Stiftungs-Funktionäre verdienen übrigens nicht schlecht, sogar sehr gut, sofern es sich um Männer handelt. Aus einer Untersuchung von 2014 geht hervor, dass das mittlere Einkommen der männlichen Führungskräften bei 100.000 im Jahr lag und damit um 24.500 Euro höher als bei den weiblichen Vorständen. Die Unterschiede ließen sich weder mit der Größe der Stiftungen noch mit geschlechtsspezifischen Unterschieden in den Biografien der Führungskräfte erklären, so die Autoren der Studie [Sandberg, Schneider, Voigt].

Kritik am philanthropischen Big Business kam 2013 von unerwarteter Seite. Unter der Überschrift *The Charitable-Industrial Complex* beschrieb der Komponist *Peter Buffett*, Sohn des Multimilliardärs Warren Buffett, in der *New York Times* seine Erfahrungen als Vorsitzender einer von seinem Vater gegründeten Stiftung:

> »Als Sohn meines Vaters habe ich schon in Zusammenkünften gesessen, an denen teilzunehmen ich mir nie vorgestellt hätte. In jedem irgendwie wichtigen Meeting zum Thema Philanthropie kann man beobachten, wie Staatsoberhäupter auf Investment-Manager

und Unternehmensvorstände treffen. Alle suchen mit rechts nach Antworten auf Probleme, die andere im selben Raum mit links geschaffen haben.

Es gibt genügend Statistiken, die uns sagen, dass Ungleichheit ständig zunimmt.

Gleichzeitig, so das *Urban Institute*, wuchs und wächst der Nonprofit-Sektor. Zwischen 2001 und 2011 nahm die Zahl gemeinnütziger Organisationen um 25 Prozent zu. Diese Wachstumsrate übertrifft sowohl das Wachstum der übrigen Wirtschaft wie auch das des staatlichen Sektors. Es handelt sich um einen schwergewichtigen Geschäftsbereich mit annähernd 316 Milliarden Dollar Spendengelder in 2012 allein in den Vereinigten Staaten und über 9,4 Millionen Beschäftigten.

Je mehr Leben und Gemeinschaften durch das System zerstört werden, das den Wenigen ungeheuren Reichtum verschafft, desto heroischer erscheint es, ›zurückzugeben‹. Ich würde es ›Gewissenswäsche‹ nennen – sich besser zu fühlen, dass man mehr zusammenrafft als ein Mensch jemals zum Leben braucht, indem man ein bisschen davon als milde Gabe verstreut.

Aber an der bestehenden strukturellen Ungleichheit ändert das nichts. Die Reichen schlafen besser, während andere gerade so viel bekommen, dass sie sich über Wasser halten können. Fast jedes Mal, wenn sich wer besser fühlt, weil er Gutes tut, wird jemand anderes auf der anderen Seite des Globus (oder auf der anderen Seite der Straße) tiefer in das System verstrickt, das ihn daran hindert, sich zu entfalten oder sich an einem erfüllten Leben zu erfreuen.

Und je mehr businessorientierte Leute da mitmischen, desto mehr Management-Prinzipien werden herausposaunt, die den Benefiz-Sektor aufpeppen sollen. Ich höre jetzt schon oft die Frage ›wie hoch ist der R.O.I.?‹ (*Return on Investment*), wenn es darum geht, menschliches Leid zu beheben, als ob die Rendite der einzige Erfolgsmaßstab wäre. (…)

Ich fordere wirklich nicht das Ende des Kapitalismus; ich fordere Menschenfreundlichkeit« [Buffett].

CDU/CSU und SPD sind 2018 offenbar fest entschlossen, das boo-
mende Philanthropie-Business hierzulande weiter zu fördern. Der
Koalitionsvertrag verspricht Verbesserungen des Gemeinnützig-
keitsrechts und des rechtlichen Rahmens für soziales Unternehmertum [Koalitionsvertrag 2018, S. 118].

Corporate Social Responsibility – wenn Unternehmen ihre sozialen Tage haben

Eine Unternehmensabteilung für einen Tag abstellen, um einen Spielplatz in einem sozialen Brennpunkt zu renovieren, einer Obdachlosen-Initiative beim Einwerben von Sponsorengeldern helfen, mal eben in einer Schule ein paar Klassenzimmer streichen – die *charity days* oder *social days,* mit denen sich Unternehmen in ihrem regionalen Umfeld Anerkennung erwerben, sind vielfältig. *Corporate Social Responsibility* (CSR), also die »soziale Verantwortung von Unternehmen«, ist seit der Jahrtausendwende mächtig im Aufschwung. Auch der Begriff *Corporate Citizenship* wird verwendet, um die Verantwortung von Unternehmen für das gesellschaftliche Umfeld zu bezeichnen, in dem sie agieren. *Corporate Sustainability,* unternehmerische Nachhaltigkeit, bezeichnet einen noch umfassenderen Anspruch.

Bereits die Enquetekommission »Zukunft des bürgerschaftlichen Engagements« und ihr Vorsitzender Michael Bürsch hatten die »Annäherung von Wirtschaft und Bürgergesellschaft« beschworen. Als begrüßenswertes Beispiel nannte Bürsch damals die Zusammenarbeit zwischen McKinsey und der »Berliner Tafel«. Die Unternehmensberatung McKinsey, weltweit bekannt für die rigorose Art, mit der sie Unternehmen beim Personalabbau unterstützt, hatte in der Gründungsphase der Tafel zwei Mitarbeiter zur kostenlosen Beratung abgestellt.

Wie so vieles am marktradikalen Gesellschaftsmodell kommt auch die Idee, dass Firmen sich als an ihrem kommunalen und sozialen Umfeld interessierte Organisationen zeigen sollten, aus den

USA, wo es eine lange philanthropische Tradition großer Unternehmer gibt.

Die heutigen Formen von CSR dienen nicht nur dem Firmen-Image. Unter anderem sind sie eine preiswerte Alternative zu teuren Coaching-Seminaren in *Teambuilding* oder sozialer Kompetenz. »Der Umgang mit Menschen und ihren Problemen macht die Mitarbeiter flexibler, entscheidungsfreudiger, engagierter. Sie sind motivierter und innovativer als andere«, beschrieb bereits 2001 der damalige Personalvorstand des Henkel-Konzerns die Sache [Henkel].

Gutes tun, aber auch »Team Building und Kompetenzentwicklung fördern«, sind die Aufgaben von *RWE-Companius*, einer unternehmensinternen Organisation des Umweltzerstörers Nr. 1 im Rheinischen Braunkohlerevier, die 2012 die höchste Auszeichnung für gesellschaftliches Engagement, den *Deutschen Engagementpreis* in der Kategorie Wirtschaft, erhielt und im folgenden Jahr einen ähnlichen Preis des Landes NRW. RWE-Companius hatte in den Jahren zuvor 9.500 gemeinnützige Projekte unterstützt. »Damit erfuhren unsere Volunteers nun auch bundesweite Anerkennung – geehrt von Prominenten und Experten aus Kultur, Wirtschaft und Politik und einem begeisterten Publikum«, jubelt es auf der Website [RWE Companius].

Die Goodwill-Dienstleister wie Ehrenamtsbörsen und Freiwilligenagenturen, immer schnell dabei, wenn es eine Marktlücke zu entdecken gilt, knüpfen die Kontakte zwischen den Freiwilligen aus den Unternehmen und gemeinnützigen Organisationen.

Es gibt auch auf *Corporate Volunteering* spezialisierte Beratungsunternehmen. Die Vermittlung von Managern in soziale Projekte ist das Geschäft von *Mehrwert – Agentur für soziales Lernen* in Stuttgart:

> »Heugabel statt Handy, weißer Kittel statt Anzug und Krawatte: Egal ob Führungskraft oder Student, Azubi oder Schüler – wer sich an den Projekten der Stuttgarter Agentur ›mehrwert‹ beteiligt, taucht in eine ihm unbekannte Welt ein. Die Idee der Agentur ist dabei so einfach wie überzeugend: Soziale Einrichtungen sind ein Spiegel der Gesellschaft, ›mehrwert‹ ermöglicht den Blick hinein. Für einen begrenzten Zeitraum, manchmal für eine Woche, manchmal für mehrere Wochen,

verlassen die Teilnehmer ihren Alltag und arbeiten in Kinder- und Altenheimen, Behindertenwerkstätten, Obdachlosenunterkünften oder
in Einrichtungen für Blinde. Der Rollentausch bringt beiden Seiten
etwas. Die Kurzzeit-Mitarbeiter machen Erfahrungen, die sich gut auf
das Zusammenspiel mit Kollegen übertragen lassen und lernen, sich
auch im Arbeitsleben wieder verstärkt um andere zu kümmern. Für
die sozialen Einrichtungen springt nicht nur viel Engagement heraus,
sondern oft auch neue Kooperationen zu Wirtschaftsunternehmen«
[Mehrwert].

Die Agentur *Seitenwechsel – Lernen in anderen Lebenswelten* in
Hamburg warb vor einigen Jahren auf ihrer Website mit einem Foto
zweier Männer, eines bärtigen Alten in abgewetzten Turnschuhen
und mit farbverschmierter Hose, neben ihm auf dem Schlafsack
hockte ein gut frisierter Mensch in Pulli, weißem Hemdkragen und
mit polierten Schuhen: Obdachlosigkeit zum Anfassen als Persön-
lichkeitstraining für Führungskräfte.

»Wer Menschen führen will, muss sich in sie hineinfühlen. Seiten-
Wechsel bietet Führungskräften hierzu eine besondere Gelegenheit
und konfrontiert sie mit Menschen in schwierigen Lebenslagen. Mit
sozialer Not, mit Krankheit und mit Tod. Eine Woche lang. Eine nachhaltige Erfahrung, die empathische und kommunikative Fähigkeiten
ausbildet und zu einem sensiblen und souveränen Umgang mit Kri-
sensituationen führt.«

2.300 Euro plus MwSt. berechnete die Agentur 2013 für diese Dienste, wovon 650 an die soziale Institution weitergereicht werden, bei
der der Manager seine Persönlichkeit trainiert hat [Seitenwechsel].

Die längeren Projekte sind meist dem Führungspersonal vorbehalten, das auf Firmenkosten eine Woche in der Psychiatrie, der Dro-
genberatung oder im Hospiz arbeitet. Für einfache Mitarbeiter und
Mitarbeiterinnen müssen ein, bestenfalls zwei Tage im Jahr fürs *corporate volunteering* reichen. Zum Ausgleich machen Firmen und Institutionen gern Ärger, wenn es um die Inanspruchnahme gesetzlich
geregelter Freistellungen für öffentliche Ehrenämter wie Schöffin,
Jugendleiter oder Kommunalpolitikerin geht. Wenn der Mitarbei-

ter aus dem Controlling eine halbe Woche weg will, weil er bei den letzten Sozialwahlen in das Aufsichtsgremium der Krankenkasse gewählt wurde, geben sich die Chefs eher knauserig. Nicht dass man in diesen klassischen Ehrenämtern nicht auch einiges an sozialer Kompetenz lernen könnte, aber sie eignen sich nicht so gut für die Politur des Firmen-Images [Pinl 2010].

Schleichwerbung am Kreisverkehr und in der Schule – Sponsoring
In den sechziger Jahren des vorigen Jahrhunderts noch als Fernseh-Schleichwerbung mit eher Negativ-Image bekannt, gilt Sponsoring neben CSR heute als normaler Bestandteil der Unternehmenskommunikation. Vorreiter war der Sport – für Unternehmen ein besonders dankbares Feld durch Dauerpräsenz der Firmenlogos auf den Fernsehschirmen und im Internet. Leider mussten die großen Fußballstadien bei Um- und Neubauten dank Sponsoring auf ihre Feld- , Wald- und Wiesennamen wie »Waldstadion« oder »Westfalenstadion« verzichten und heißen nun »Commerzbank-Arena« oder »Signal Iduna Park«. Bald erschlossen sich weitere Felder für Unternehmens-PR durch Sponsoring.

»Sie können jetzt mithelfen, die Innenfläche eines Kreisels zu gestalten«, wirbt die Stadt Köln auf ihrer Website. »Neben einer einfachen Begrünung mit Rasenfläche und Bäumen können Sie Ihren Kreisel mit einer themenbezogenen Gestaltung mit individueller Bepflanzung und höherwertigen Baumaterialien wie Stein, Holz und Stahl sowie Skulpturen und Lichtobjekte oder Objekte mit orts- oder geschichtsbezogenem Hintergrund gestalten.«
Das gibt es natürlich nicht umsonst:
»Pro Kreisverkehr dürfen Sie an jeder Straßeneinmündung ein Schild im DIN-A2-Format zu Werbezwecken oder als Wegweiser zu Ihrem Unternehmen aufstellen« [Stadt Köln 2018].
Die finanziell darbenden Kommunen sind dankbar für jeden Kreisverkehr, den sie nicht selber bauen oder bezahlen müssen. Mit der Aussetzung der von den Bundesländern erhobenen Vermögenssteuer 1997, von der zumindest Berlin, Hamburg und Bremen di-

rekt profitiert hatten, und der Abschaffung der Gewerbekapitalsteuer 1998 verloren die deutschen Kommunen verlässliche Einnahmequellen. Je mehr sie sich in Folge aus der Finanzierung zum Beispiel des Kultursektors zurückzogen, desto wichtiger wurde Sponsoring. Die Unternehmen gaben zurück, was sie an Steuern eingespart hatten, wenn auch nur in Bruchteilen. Seither keine Opernaufführung, kein Literaturfest, kein Konzert ohne die unvermeidlichen Firmenlogos – *»powered by...«*. Noch ist der öffentliche Raum nicht vollständig durchkommerzialisiert. Aber alle Beteiligten arbeiten daran.

Drei Viertel aller großen Unternehmen in Deutschland produzieren Materialien für den Schulunterricht. *Schulsponsoring* nennt sich das, es werden Patenschaften für Schulen übernommen, Partnerschaften angeboten, um »eine frühzeitige, praxisnahe und vielfältige Berufs- und Studienorientierung zu garantieren«, wie die einschlägigen, zumeist von den örtlichen Industrie- und Handelskammern initiierten Netzwerke versprechen. Oder es wird Lernmaterial gespendet. Es besteht zwar ein Werbeverbot an Schulen, aber mit gesponserten Sportausrüstungen, Lehr- und Lernmaterialien lässt sich das umgehen.

»Das Göttinger Otto-Hahn-Gymnasium (OHG) hat mit der Firma Klartext GmbH aus Göttingen eine weitere Lernpartnerschaft zwischen Schule und Betrieb besiegelt. Praxisnahe Unterrichtseinheiten mit Klartext-Mitarbeitern und Lehrerkurse werden die alltäglichen Herausforderungen für Schüler, z. B. beim Verfassen einer Bewerbung, in den Mittelpunkt der Überlegungen rücken.

Pate zur Vertragsunterzeichnung stand der Verein ›Bildungsregion Südniedersachsen‹, der betont, wie wichtig das Anstoßen und Unterstützen derartiger Kooperationen zwischen Schule und Betrieb sei. Göttingens Oberbürgermeister Rolf-Georg Köhler (SPD) konnte sich dieser positiven Nachricht nur anschließen, das OHG öffne sich mit der neuen Partnerschaft noch weiter für außerschulische Experten, die aktiv Unterricht im Unternehmen ermöglichen würden. Die OHG-Schulleiterin Rita Engels führt in diesem Zusammenhang aus, mittlerweile habe das OHG mehr als zehn Partnerschaften geknüpft, mit dem Ziel, das wahre Leben in die Schule zu holen.« [Schulsponsoring]

Gesellschaftliche Verantwortung?

Wenn deutsche Ruhrbarone in früheren Zeiten Zechensiedlungen bauen ließen, war der Zusammenhang mit dem Unternehmensinteresse an der Ressource Arbeitskraft relativ deutlich. Der US-amerikanische Stahlmagnat Andrew Carnegie aber stiftete Bibliotheken und Konzerthallen und hatte somit scheinbar unabhängig von seinem Profitinteresse als Unternehmer eine Rolle als Mäzen und Philanthrop.

In manchen CSR-Aktivitäten ist der Zusammenhang zum »Kerngeschäft« des spendablen Unternehmens auf Anhieb erkennbar, so wenn der bekannteste Buletten-Multi den Bau eines *Ronald McDonald Elternhauses* neben einer Kölner Kinderklinik unterstützte und damit reichlich Werbung treibt. Auch die rund 3 Millionen, mit denen nach eigenen Aussagen die Versicherung *Generali Deutschland* jährlich Projekte und Initiativen fördert, ist für ein Versicherungsunternehmen nicht abwegig, weil Projekte finanziert werden, die den demografischen Wandel in Deutschland zu gestalten suchen.

Aber offenbar ist der Image-Gewinn umso größer, je unabhängiger vom Kerngeschäft des Unternehmens sich das Philanthropentum gibt. CSR wird daher immer weniger als kurzfristige, preiswerte Werbemasche verstanden, sondern vor allem von Großunternehmen als Teil langfristiger, strategischer Planung, oft sogar in der Verantwortung von Vorständen oder den Chefs der konzerneigenen Stiftungen, mit dem Ziel, sich möglichst uneigennützig in Szene zu setzen.

Inzwischen gibt es kaum ein großes Unternehmen ohne das Etikett der unternehmerischen gesellschaftlichen Verantwortung. CSR bzw. *Corporate Citizenship* gehören zum Lehrkanon an Management-Hochschulen.

Auch die Politik arbeitet daran, CSR zu einem tragenden Element des neoliberalen Gesamtkunstwerks »Bürgergesellschaft« zu machen. Die Bundesregierung stellte in ihrer *Nationalen Strategie zur gesellschaftlichen Verantwortung von Unternehmen* 2010 Überlegungen an, wie CSR einen »Beitrag zur Bewältigung der zentralen Herausforderungen in einer globalisierten Welt des 21. Jahrhunderts« leisten könne und wie die »nachhaltige, wirtschaftlich stabile, sozial ausgewogene und umweltverträgliche Entwicklung der Wirtschaft unterstützt werden« könne. Schwerpunktthema des Sachverständigengutachtens zum Ersten Engagementbericht der Bundesregierung von 2012 war ebenfalls »unternehmerische Verantwortung für die Gesellschaft«. Fazit der Experten unter Vorsitz von *Michael Hüther*, Direktor des Instituts der Deutschen Wirtschaft in Köln:

> »… der Wettbewerb der Unternehmen (kann) sich immer weniger nur auf Produkte, Problemlösungen und Geschäftsmodelle beziehen (…), sondern (muss) immer stärker auch auf Identität und Reputation setzen …« [Erster Engagementbericht, S. 206].

Laut dem »Ersten Engagementbericht« engagierten sich bereits 2011 in Deutschland über 96 Prozent der damals befragten Unternehmen mit mehr als 500 Beschäftigten mit geschätzten 11,2 Milliarden Euro im Jahr.

Spätestens seit dem Diesel-Skandal, aber auch schon vorher, ausgelöst durch die Wirtschafts- und Finanzkrise 2008 und die menschenverachtenden Produktionsmethoden z. B. der Textilindustrie in Dritte-Welt-Ländern, wurden die Appelle der Politik nach mehr Verantwortung in der Wirtschaft lauter. Auch international mehren sich die Mahnungen. So hat der UNO-Menschenrechtsrat die *UN-Leitprinzipien für Wirtschaft und Menschenrechte* verabschiedet, die OECD hat ihre Leitsätze für multinationale Unternehmen im Jahr 2011 überarbeitet und die Einhaltung von Arbeits-, Sozial- und Umweltstandards stärker ins Blickfeld gerückt, ebenso die Europäische Union.

Entgegen den Wünschen der Politik, die Wirtschaft möge sich stärker am gesamtgesellschaftlichen Wohl ausrichten, sind die CSR-Aktivitäten von Unternehmen – Überraschung – in erster Linie von wirtschaftlichen Interessen bestimmt und zielen darauf ab, Kunden und Mitarbeiter zufriedenzustellen und neue Märkte zu erschließen. Diese Information verdanken wir der Bertelsmann-Stiftung, die

2014 zusammen mit der Universität Bayreuth und einem Meinungs-
forschungsinstitut 169 große und mittlere Unternehmen befragte.

In nur 10 Prozent dieser Unternehmen gehörte gesellschaftliche
Verantwortung, wie sie die Bundesregierung, die Vereinten Nationen
oder die OECD erwarten, zur Gesamtstrategie des Unternehmens,
einschließlich Ziel-Definition und Erfolgskontrolle. Unter den wenigen Ausnahmen, laut Untersuchung: BMW, Hamburg Airport und
die DZ Bank [Bertelsmann 2018].

Ein schönes Beispiel, wie man sich mit Hilfe von CSR neue Märkte erschließt, ist die *Impact Challenge* des Internet-Giganten *Google*.
»Aufbruch Ehrenamt. Wie Engagement und Hilfe noch mehr bewirkt (*sic*)« heißt ein 35 Seiten starkes Heft, das Google in der Vor-
weihnachtszeit 2017 allen überregionalen deutschen Zeitungen bei-
legen ließ. Darin bewarb das Unternehmen seine mit 4 Millionen
Euro ausgestattete Unterstützungsinitiative für 60 gemeinnützige
Projekte oder Vereine »mit digitaler Komponente«, die Google zusammen mit der Spendenplattform *betterplace.org.* organisiert. Um
einen Teil dieser für einen milliardenschweren Konzern bescheidenen Summe zu ergattern, musste man sich bis zum 10. Januar 2018
bewerben:

> »Gute Chancen haben Sie und Ihre Initiative, wenn Sie den Anspruch
> verfolgen, das Leben Ihrer Mitmenschen zu verbessern, zu bereichern
> oder zu erleichtern – ganz egal ob auf lokaler, auf regionaler oder gar
> auf globaler Ebene. Dabei benutzen Sie idealerweise kreative Metho-
> den und vor allem digitale Hilfsmittel« [Google, S. 18].

Die Umwertung der Werte

Viele Grundannahmen gelten nicht mehr, zum Beispiel dass es gerecht ist, wenn in einem reichen westlichen Industrieland der Sozialstaat mit Transferleistungen geringverdienende Eltern unterstützt, damit ihre Kinder nicht unter Armut leiden. Viele Menschen meinen inzwischen, das sei die Aufgabe von Spendern, Sponsoren und Ehrenamtlichen.

Der Begriff Gerechtigkeit werde zu »Vokabeln der Anteilnahme für die sogenannten Schwachen transformiert«, Anteilnahme, auf die man, anders als auf die Transferzahlungen eines entwickelten Sozialstaats, kein Anrecht hat, kritisierte der Frankfurter Philosoph *Rainer Forst* 2008 [Forst].

Verbal bekundete Anteilnahme scheint auch vielen Regierungsverantwortlichen inzwischen die bessere, weil kostengünstigere Alternative zur Sozialpolitik. Der nachmalige US-Präsident *George W. Bush* hatte bereits als Wahlkämpfer im Jahr 2000 seine republikanischen Parteifreunde überrascht, indem er das harte Leben von Landarbeitern und alleinerziehenden Müttern beklagte, freilich ohne nach seiner Wahl Gesetze zu initiieren, die an der Lage der solchermaßen Bedauerten etwas verändert hätten [Bush]. Beispiele, dass *Compassionate Conservatism* auch in Deutschland angekommen ist, lassen sich leicht finden.

Er wolle das Schicksal derer, denen es nicht so gut geht, im Auge behalten, versprach der damalige Bundespräsident *Joachim Gauck* beim Besuch einer Berliner Obdachlosen-Einrichtung 2015: »Es bewegt mich sehr, was ich hier gesehen und erlebt habe«, wird Gauck in einem Zeitungsbericht zitiert [Gauck]. Die Miete für eine Zwei-Zimmer-Wohnung in Steglitz oder Friedenau lässt sich mit der präsidialen Anteilnahme aber nicht bestreiten.

Aber es geht noch unverbindlicher. Der Soziologe *Heinz Bude* meint feststellen zu können, dass eine gesamte Generation, nämlich die Enkel der *68er*, »nicht die große Befreiung der Gesellschaft wollten, sondern Gerechtigkeit für Lebensentwürfe, die einer vorgestellten Mehrheitsgesellschaft zuwiderlaufen« [Bude]. In einem Bericht über einen Leitfaden der Kölner Caritas zum Umgang mit Betteln und Armut schreibt die Lokalpresse: »Die Broschüre soll zu mehr Sicherheit im Umgang mit Betteln und Armut führen und Verständnis dafür wecken, dass Bettler und Obdachlose zur urbanen Gesellschaft einer Großstadt wie Köln dazugehören« [Caritas Köln].

Armut und Bedürftigkeit ein Lebensentwurf unter vielen? Eine irgendwie frei getroffene Entscheidung, oder einfach Schicksal, dem man mit Respekt begegnen sollte?

Die Idee der Gerechtigkeit wird zu einer Art erweitertem Verhaltensknigge verzwergt: Es reicht, gegenüber Armen oder Unterdrückten »Wertschätzung« zu zeigen, ihren »Lebensentwurf« zu tolerieren; arm oder reich, Bettler oder Edelmann, alles eine Frage von »Diversität«. Viele glauben inzwischen, es genüge, »die Würde der Armen zu respektieren«, dann sei alles gut. Armut mutiert zu einem Lifestyle unter vielen, ist nicht weiter schlimm, man muss nur nett damit umgehen. Und hier und da ein bisschen spenden, Zeit oder Geld.

Das Konzept der Bedarfsgerechtigkeit des traditionellen Sozialstaats beinhaltete eine zumindest partielle Umverteilung gesellschaftlichen Reichtums – durch die Besteuerung Reicher zugunsten des institutionellen Versprechens von Schutz für alle in Notlagen. Es wird nun ersetzt durch Begriffe wie »Leistungsgerechtigkeit« (die Tüchtigen dürfen nicht zu sehr besteuert werden), »Chancengerechtigkeit« (jedem die Chance, seines Glückes Schmied zu sein – durch Leistung) oder »Generationengerechtigkeit« (der Staat darf keine Schulden machen, um zukünftige Generationen nicht zu belasten) [Butterwegge 2013].

Leistungsgerechtigkeit bleibt jedoch eine Schimäre, solange Erben großer Vermögen steuerlich kaum belastet werden oder Manager das Fünfzigfache oder mehr dessen verdienen, was ihren Angestellten monatlich aufs Konto überwiesen wird. Chancengerechtigkeit, z. B. durch Bildung, gibt es nicht. Nicht nur, weil der Bildungssektor notorisch unterfinanziert ist, sondern auch weil das dreigliedrige deutsche Schulsystem Klassenverhältnisse immer wieder aufs Neue reproduziert. Aber auch ein Hochschulabschluss garantiert bekanntlich schon lange keine auskömmliche Erwerbsarbeit mehr.

Schließlich klingt der Begriff »Generationengerechtigkeit« angesichts der Armut einer zunehmenden Zahl alter Menschen mehr als hohl.

Die »neuen Wege zur Gerechtigkeit«, wie unter anderem Gerhard Schröder sie wies, bedürfen freilich der Ergänzung durch Spendenwirtschaft, Ehrenamt und Freiwilligenarbeit. »Gerade in Zeiten knapper öffentlicher Haushalte ist die Wiederbelebung des bürgerschaftlichen Engagements Grundvoraussetzung für eine aktive Sozialpolitik«, formulierten die Ratsparteien von CDU und Bündnis90/ Die Grünen in Köln in ihrem Koalitionsvertrag 2003.

Ehrenamtliches Engagement gilt schließlich als Voraussetzung für »Beteiligungsgerechtigkeit«. Der Begriff steht für die schon mehrfach an anderer Stelle kritisierte Annahme, die ehrenamtliche Museumskassiererin oder Flüchtlingshelferin habe durch ihre Gratisarbeit irgendeinen Einfluss auf städtische Kulturetats oder gar die Ursachen der Migrationsströme.

Geld verdienen und damit Gutes tun

»Er engagiert sich für Integration und Zivilcourage, er spendet viel Geld für gute Zwecke, und wenn einer seiner Mitarbeiter Probleme oder eine schwere Krankheit hat, kümmert er sich persönlich.« So schrieb Anfang 2013 *Der Spiegel* über den Unternehmer und Fußball-Manager *Uli Hoeneß*. In seiner Lobeshymne berichtete das Nachrichtenmagazin ausführlich, wie Hoeneß sich aus kleinen Verhältnissen hochgearbeitet habe zum erfolgreichen Unternehmer, dabei sozial engagiert, ein Stifter und Kümmerer, der bescheiden blieb und viel Geld für soziale Zwecke spendet. Er sei ein gesuchter Gesprächspartner anderer Chefs bis hin zur Bundeskanzlerin, die von ihm hören wollen, wie man gut wirtschaftet und dennoch menschlich bleibt. Der Staat solle sich ihn zum Vorbild nehmen und vor allem sparen und endlich den Haushalt ausgleichen ... So einer könne als Vorbild dienen, nicht nur für Deutschland, sondern für ganz Europa, schwärmte der *Spiegel*-Autor [Hoeneß].

Wir wissen, wie es weiter ging. Hoeneß wurde bald nach der *Spiegel*-Laudatio wegen Steuerbetrugs in Millionenhöhe verurteilt. Aber das ändert nichts daran, dass ähnliche Märchen immer wieder aufgetischt werden und gesellschaftliche Wirkung entfalten: »Ich will später mal viel Geld verdienen. Damit könnte ich für meine Familie sorgen und eine soziale Organisation gründen, die armen Menschen hilft, denn ich weiß, wie es ist, wenn man Hilfe braucht. Ich will all die Hilfe zurückzahlen.« Zaman, 17, aus Afghanistan geflüchtet, lebte zum Zeitpunkt dieser Aussage mit seiner Familie in einer Kölner Notunterkunft [Zaman].

Solche Träume hegen nicht nur Jugendliche aus Ländern, in denen sozialstaatliche Sicherung unbekannt ist, sondern mittlerweile auch deutsche Jungakademiker:

> »Als Leon Lang den Effektiven Altruismus kennenlernte, sortierte er seine Prioritäten neu. Statt regelmäßig Flyer für Tierrechte zu verteilen, startete der Mathestudent an der Universität Bonn richtig durch. Sein Ziel: bessere Noten. Denn davon verspricht sich der 23-Jährige später ein höheres Gehalt – das er wiederum dafür nutzen kann, um mehr Geld an Organisationen zu spenden, die Leid verhindern. Das, so sagt er, sei effektiver als seine bisherigen Aktionen in der Fußgängerzone. Auf einer Liste im Internet hat er sich verpflichtet, zehn Prozent seines künftigen Einkommens zu spenden« [Effektiver Altruismus 1].

Gutes Tun und damit Geld verdienen, wie das geht, wurde in einem vorangegangenen Kapitel geschildert – es funktioniert aber auch umgekehrt: Viel Geld verdienen und damit Gutes tun.

In der Organisation *Effektive Altruisten* versammeln sich angehende Akademiker/innen mit dem Ziel, schnell zu studieren, Jobs mit hohem Gehalt anzutreten, um dann mit diesem Geld ganz viel zum Positiven zu verändern. Benachteiligten Kindern ehrenamtlich Nachhilfeunterricht zu geben, ist nach dieser Logik zwar edel, aber doch bedauerlich ineffektiv. So viel Nachhilfeunterricht können die normalen Ehrenamtlichen niemals geben, wie die Effektiven Altruisten finanzieren werden, wenn sie erst einmal Investment Banker oder erfolgreicher IT-Unternehmer sind [Effektiver Altruismus 2].

Moral: Sozialstaat ist überflüssig, wenn nur genügend Reiche Geld spenden. Schafft zwei, drei, viele Bill Gates, und die Welt ist gerettet.

Früh übt sich – Service Learning

Um die Menschen daran zu gewöhnen, vom Sozialstaat oder Instanzen der öffentlichen Daseinsvorsorge nicht mehr viel zu erwarten, fängt man am besten schon bei den Kindern an.

»Den Zaun eines Kindergartens haben Zehntklässler bemalt. Der Zaun besteht aus braunen Holzlatten, und die Bemalung soll verdeutlichen, dass sich dahinter ein Kindergarten befindet.« Unter dem Titel »Lernen durch Engagement« war diese Aktion Teil des Unterrichts im Wahlpflichtfach Gesellschaftswissenschaften am Friedrich-Schiller-Gymnasium im thüringischen Bleicherode [Bleicherode].

In Mülheim an der Ruhr üben sich Schüler und Schülerinnen darin, an den sozialen Randbereichen der Gesellschaft tätig zu werden:

> »Schüler der Realschule Stadtmitte haben sich aus der Beschäftigung mit Armut im Religionsunterricht heraus eigenständig für arme Menschen in ihrer Stadt engagiert und überaus erfolgreich Spenden an der Schule gesammelt. Diese kamen der Bedürftigenhilfe der Katholischen Gemeinde St. Mariae Geburt zugute, wo die 20 beteiligten Schüler auch einen Vormittag lang die Helfer bei ihrer Arbeit unterstützten« [Mülheim/Ruhr].

Wie in der gesamten Goodwill-Dienstleistungsbranche mischen auch beim *Service Learning* viele Akteure mit. So finanzierte 2014

die WGZ-Bank (seit 2016 DZ-Bank) unter dem Titel *Sozialgenial –
Förderfonds für Visionäre*, Engagement-Projekte an Schulen in Nordrhein-Westfalen mit jeweils 500 Euro. Ein so gefördertes Projekt hieß
z. B. »Ist unsere Welt gerecht?«.

20 Schüler/innen beschäftigten sich zwei Jahre mit der Frage,
»was Armut und Benachteiligung in der Gesellschaft bedeuten und
wo Engagement ansetzen kann. Ihre Erkenntnisse setzen sie in eige-
nes Engagement um und besuchen beispielsweise Bewohner eines
Seniorenheims oder unterstützen als Mentoren Kinder mit mangeln-
den Deutschkenntnissen« [Sozialgenial].

Die Ausgangsfrage, mit der sich die jungen Leute beschäftigten,
lautete nicht: Woher kommen Armut und Benachteiligung und wie
sind sie zu überwinden? Oder wie können Mängel in der Pflege oder
im Bildungssystem behoben werden? Sondern: Wo sind die Ansätze für Engagement? Dank der Transformation des Sozialstaats und
der Vernachlässigung kommunaler Infrastruktur sind diese Ansatz-
punkte allerdings zahlreich.

Seit zehn Jahren arbeitet die Bertelsmann-Stiftung daran, den
Gedanken des Service Learning an Schulen und Universitäten hei-
misch zu machen. *jungbewegt* nannte sich 2008 ein Projekt, um bereits bei Kindern die Motivation für Freiwilligenarbeit zu wecken.
Bildungsverantwortliche sollten animiert werden, »bürgerschaftliches Engagement in die Lern- und Bildungsprozesse von Kindern und Jugendlichen« zu integrieren. 2012 folgte, ebenfalls unter
Bertelsmann-Fittichen, das Projekt *Freiwillig macht Schule*. Nicht
ohne Erfolg: 150 Schulen in 15 Bundesländern sind inzwischen Teil
des vom Bundesfamilienministerium in Zusammenarbeit mit diversen Stiftungen und Unternehmen betriebenen *Netzwerks Service
Learning* (Motto: »Tu was für andere und lern dabei«), das von der
Stiftung Lernen durch Engagement betreut wird. An diesen und vermutlich weiteren Schulen aller Bildungsformen werden Inhalte des
normalen Unterrichts verknüpft mit Freiwilligenarbeit im kommunalen Umfeld – vom Spendensammeln für Obdachlose bis zu Prak-
tika in Altenheimen [Netzwerk Service Learning].

Mit der Koalitionsvereinbarung vom März 2018 dürfte Bertelsmann daher zufrieden sein: Schon Grundschulkinder sollen nach dem Willen der Koalitionäre in der Ganztagsbetreuung »gezielt an ehrenamtliche Tätigkeit herangeführt« werden [Koalitionsvertrag 2018, S. 118].

Auch an über 30 Hochschulen wird Service Learning angeboten. Allein an Universität und Fachhochschulen in Köln stehen jedes Semester über ein Dutzend entsprechende Kurse bereit: Studierende bauen eine Freiwilligenbörse auf, beraten Asylbewerber, unterstützen Straßenkinder, bieten medizinische Betreuung für Obdachlose, organisieren Spenden-Aufrufe und Benefiz-Partys für den guten Zweck. Und erhalten für die Teilnahme pro Kurs drei *Credit Points* (Leistungspunkte – noch nicht zu verwechseln mit dem auf verschiedene Datenbanken zugreifenden Online-Rating- bzw. Scoring-System, mit dem in der Volksrepublik China nicht nur Konsumverhalten und Kreditwürdigkeit, sondern auch das soziale und politische Verhalten registriert werden, das sich in *Social Credit Points* niederschlägt) [Service Learning/Hochschulen].

Service Learning an Hochschulen ist nicht selten betriebswirtschaftlich fundiert oder motiviert:

»Eine komplette Kampagne unter dem Motto *Engel Mannheims* inklusive Aktionsstände in der Mannheimer Innenstadt haben die Studierenden verschiedener Fachrichtungen dafür auf die Beine gestellt. Unter der Leitung von Dozentin Kirstin Niedernolte hatten sie im Seminar *Success starts here – Einführung in die Marketingkommunikation* zunächst die einzelnen Schritte der Planung, Entwicklung und Umsetzung einer Marketingkampagne geplant. Die praktische Umsetzung der Aktion erfolgte parallel in Zusammenarbeit mit der Stadt. Ob Hilfe bei der Vesperküche, Hausaufgabenbetreuung oder Besuchsdienst bei älteren Menschen – in unzähligen Bereichen sind freiwillige Helfer unverzichtbar ...« [Engel Mannheims].

Streik? – Engagierte wehren sich gegen Instrumentalisierung

»Helfen macht so glücklich wie Schokolade«, vermeldete die Moderatorin beim *Ersten Kölner MentoRing Tag* [MentoRing Tag]. Ehrenamtliche/Freiwillige empfinden Empathie für leidende Menschen, sie sind motiviert von ihrem Wunsch nach Verbundenheit, suchen Sinn und Erfüllung, wollen helfen und dabei mit anderen kooperieren. Vor allem das »neue« Ehrenamt gilt als befriedigende Gestaltung freier Zeit, als sinnerfüllend bis hin zur Selbstverwirklichung – im Unterschied zu dem etwas angestaubten Image der traditionellen Ehrenämter in Vereinen oder Parteien. Ehrenamtliche Betätigung soll sogar gesundheitsfördernd sein, weil sie zum Beispiel der älteren Generation ermöglicht, nach der Erwerbsarbeit weiterhin in Verbindung mit der Welt und den Mitmenschen zu sein. Statt Einsamkeit bis hin zur Depression: Kontakte, Anerkennung, Freude, Bereicherung, positives Lebensgefühl und – z. B. im Umgang mit Geflüchteten – die eigenen Probleme als nicht mehr so bedrückend zu erleben. »Der Weg vom Selbst zum Anderen als sinngebender Bestandteil erfüllten Alters«, hieß es salbungsvoll 2013 in einer Einladung zu einem *Charity Summit* der Berliner Agentur *neues handeln*.

Wenn auch die Inhalte inzwischen hier und da andere sind, so erinnern diese Überlegungen zur Funktion der Bedürftigen für Engagierte und Spender/innen an die Almosenlehre des *Thomas von Aquin* (1224 – 1274): Die Notleidenden sind für die Reichen theologisch gleichsam unentbehrlich, bieten sie doch die Möglichkeit zu verdienstvollem Tun, um sich damit von begangenen Sünden ein Stück weit reinzuwaschen … [Schilling/Klus, S. 21].

Es fällt schwer, an dieser Stelle nicht die polemische Frage zu stellen, ob es nicht Ziel der Sozialpolitik sein muss, einen ausreichend großen Bodensatz an Bedürftigen zu erhalten – als Betätigungsfeld für die finanziell abgesicherten Teile der älteren Generation und um deren psychischer und physischer Stabilität willen?

Auch jüngeren Menschen bietet Ehrenamtlichkeit angeblich ein Gesundheit förderndes Gegengewicht gegen gewisse Formen moderner Freizeitgestaltung, die nach diesem Argumentationsmuster gern mit dem Etikett »sinnentleert« versehen werden (Computerspiele, exzessives Nutzen digitaler Medien, Konsumrausch, Drogen, Fitness-Wahn).

Schillernde, nicht eindeutig definierte Begriffe wie »Bürgergesellschaft« oder »Bürgerkommune« wecken zudem die Erwartung basisdemokratischer Teilhabe, gar Mitbestimmung, ein Argumentationsstrang, bei dem sich vor allem politisch links der Mitte Verortete, etwa Teile der Partei Die Linke und von Bündnis 90/Die Grünen, angesprochen fühlen. Die Trennlinien zwischen politischer Partizipation und Gratisarbeit in der öffentlichen Daseinsvorsorge werden bewusst unscharf gehalten. Die Beeinflussung politischer Entscheidungen durch engagierte Bürgerinnen und Bürger wird aber immer dann erschwert bis unmöglich gemacht, wenn Profitinteressen im Spiel sind: Können sich die Tiefbauunternehmen über neue U-Bahn-Pläne freuen oder setzen sich die Bürgerinitiativen mit ihrer Parole »Oben Bleiben« durch? Wird die Abholzung weiterer Wälder zugunsten des Braunkohleabbaus gestoppt? Werden auf Industriebrachen Sozialwohnungen oder hochprofitable teure Eigentumswohnungen gebaut? Oder wird dort gar das elfundneunzigste Einkaufszentrum hochgezogen? »Der Sprung vom Mithelfen zum Mitentscheiden« (die baden-württembergische Staatsrätin *Gisela Erler*) gelingt den wenigsten; außer natürlich, den Menschen, die so reich sind, dass sie durch eine eigene Stiftung selbst entscheiden können, wohin ihre nicht gezahlten Steuergelder fließen.

Zweifelsohne finden viele Menschen Befriedigung darin, anderen zu helfen und etwas Nützliches für die Gemeinschaft zu tun. Aber es

gibt auch skeptische Stimmen. Vielen ist inzwischen bewusst, dass
der Neoliberalismus mit seiner Ideologie des schlanken Staats, der
Ökonomisierung aller Lebensbereiche, zum Missbrauch der zutiefst
menschlichen Eigenschaften der Empathie und des Helfens einlädt,
weil er das Mitmenschliche, die Zugewandtheit, Fürsorglichkeit und
Beziehungsarbeit als unökonomische Zeitverschwendung aus den
sozialen, insbesondere den pflegerischen Berufen verbannt hat.

Dass in unserer Gesellschaft einiges aus dem Ruder läuft, wissen
auch die Goodwill-Industrie, die Wohlfahrtsverbände, die Kirchen
und die Engagementforschung; sie alle warnen bisweilen davor, die
Ressource Engagement überzustrapazieren, sie nicht zu instrumenta-
lisieren, um die ausfransenden Ränder des Sozialstaats zu flicken oder
die Einschränkung öffentlicher Dienste zu kompensieren. Auch von-
seiten der Politik wird immer mal wieder beteuert, dass bürgerschaftliches Engagement nicht instrumentalisiert und »verzweckt« werden
dürfe. Wissenschaftler/innen der Engagementforschung rügen, dass

> »der Staat angesichts drängender gesellschaftlicher Probleme versucht,
> auf die Zivilgesellschaft und ihre Organisationen zuzugreifen. Dabei
> wird ein Verständnis freiwilligen bürgerschaftlichen Engagements
> durchgesetzt, in dem das Engagement der Bürgerinnen und Bürger
> vor allem als Dienstleistung für die Bewältigung sozialer Probleme in
> Anspruch genommen wird. Die demokratiepolitische Bedeutung von
> Zivilgesellschaft als Ort von Mitsprache und Mitgestaltung geht dabei
> ebenso verloren wie die Eigensinnigkeit bürgerschaftlichen Engage-
> ments, in dem sich die Anliegen und Handlungslogiken der Bürger
> entfalten können« [Jacob 2012].

Konsequenzen werden jedoch daraus nicht gezogen, die Rekrutie-
rungskampagne fürs Ehrenamt läuft unverdrossen weiter. Wenn
auch nicht mehr mit ganz so krasser Begrifflichkeit wie noch vor
einigen Jahren, als unverhohlen davon die Rede war, die »brachlie-
genden Engagementpotenziale« zu aktivieren und »die schlafenden
Kräfte des Bürgersinns« zu wecken.

Was denken die engagierten Freiwilligen? Die Bertelsmann-
Stiftung, die in den vergangenen Jahrzehnten ideologisch viel zur

Popularisierung von *Bürgergesellschaft* und *Engagementlandschaften* beigetragen hat, veröffentlichte 2017 unter dem Titel »Zwischen Eigensinn und Indienstnahme« das Ergebnis einer Befragung von gut 2.000 Menschen, die sich für Senioren, Umwelt und Tierschutz engagierten. Von den Befragten äußerten knapp zwei Drittel die Vermutung, mit dem eigenen Engagement eine Lücke zu füllen für Arbeit, die eigentlich staatliche Aufgabe wäre. Nichtengagierte hält diese Einschätzung von einem Engagement ab; bereits freiwillig Tätige hätten sich aber oft – nach dem Motto »jetzt erst recht« – eine Art Trotzhaltung zugelegt, so das Fazit der Studie [Bertelsmann 2017].

Inzwischen ist der Trotz in einigen Fällen in Aktion umgeschlagen. 2016 gründete sich in Berlin die *Gewerkschaft für Ehrenamt und Freiwillige Arbeit*, kurz GEFA, die gleich am *Tag des Ehrenamts*, dem 5. Dezember, mit einem Streikaufruf und einer Demo in Berlin auf sich aufmerksam machte, Motto: »Machen wir die Orte des Helfens zu Orten des Protestes und der Solidarität.«

»Mit der Organisation der Gewerkschaft versuchen wir, das karitative Helfen, diesen Gedanken der Wohltätigkeit, zu politisieren. Und uns zu vernetzen, um zu protestieren, die Missstände aufzuzeigen und gemeinsame Lösungsvorschläge für bestimmte Bereiche zu erarbeiten (…) Das heißt nicht, dass wir zurückwollten zum Alten oder es eine Utopie gibt, in der der Staat alles macht. Es gibt in der Gewerkschaft Gruppen, die sich lieber weiterhin selber organisieren wollen, weil sie dann ihre Arbeit nach ihren Vorstellungen gestalten können. Unsere gemeinsame Forderung als Gewerkschaft ist nur, dass es anders sein muss als jetzt gerade, wo sich Menschen, die sich das nicht ausgesucht haben, nur noch Leistungen zweiter Klasse oder sogar gar keine Leistungen bekommen« [GEFA].

Ebenfalls im Oktober 2016 gründete sich in Bayern *Veto – Bündnis für mehr Menschlichkeit* mit dem Ziel, die »Resignation und Frustration unter den Flüchtlingshelfern zu stoppen«. Initiator ist *Raffael Sonnenschein*, ein Menschenrechtsaktivist und Künstler aus Landsberg am Lech, der bereits am 1. Oktober 2016 einen ersten Warnstreik unter bayerischen Flüchtlingshelferinnen und -helfern organisiert hatte. »Die freiwilligen Helfer sind ein unschätzbarer Mehrwert der Zivilgesellschaft. Das muss man erhalten.« Deshalb sei es dringend notwendig, sich zu organisieren, und zwar bundesweit. In Sonnenscheins *Resolution für Menschlichkeit* finden sich Vorschläge zur Verbesserung von Integrationsmaßnahmen oder zur Einrichtung einer zentralen Beschwerdestelle für Flüchtlingshelfer, aber auch politische Forderungen wie die, nicht in Kriegsgebiete abzuschieben und die Dublin-Verträge auszusetzen [Veto].

Während auf der Website der Berliner GEFA im Frühjahr 2018 keine aktuellen Einträge zu finden waren, entfacht *Veto* einen großen Wirbel: »Unsere Kampagnen erreichen über 250.000 Flüchtlingshelfer*innen in Deutschland, 3.000 Initiativen und Helferkreise in 16 Bundesländern«, heißt es auf der Website. Nach dem Bayerischen Landeskongress am 24.3.2018 wurde noch im gleichen Jahr ein Bundeskongress mit 1.000 Delegierten aus der gesamten Wohlfahrtsindustrie einschließlich philanthropisch engagierter Unternehmen ins Auge gefasst. Dafür wie auch für eine geplante Stiftung wirbt Sonnenschein fleißig über das Internet Geld ein.

Andere Länder

Ehrenamtliches, zivilgesellschaftliches Engagement zehrt bis heute von seinen bürgerlich-liberalen Ursprüngen in den westlichen Gesellschaften. Die Formen, die es in einzelnen Ländern annimmt, sind jedoch von jeweils nationaler Geschichte und Tradition geprägt. Gegenseitige Hilfe und Unterstützung der Siedler in rauen Pionierzeiten gehören zum Gründungsmythos der USA, sind ideengeschichtliche Überlieferungen, die sich erhielten, vor allem auch deshalb, weil die Entwicklung eines Sozialstaats, welche in den industrialisierten Ländern Europas lange vor dem Ersten Weltkrieg einsetzte, in den USA erst in den dreißiger Jahren des 20. Jahrhunderts begann.

Knapp ein Viertel der erwachsenen US-Bevölkerung ab 16 Jahren war 2015 in irgendeiner Weise ehrenamtlich tätig, also weniger als in den EU-Ländern Deutschland, Österreich oder den Niederlanden [USA]. Länderdaten-Vergleiche sind aber dank unterschiedlicher Erhebungsmethoden nur eingeschränkt aussagekräftig.

Der Abbau staatlicher Dienste zugunsten der Privatwirtschaft, Steuersenkungen für Reiche und Unternehmen, die Schwächung der Gewerkschaften – sogenannte Reformen, die Löhne senken und Exporte steigern sollten – diese neoliberale Umgestaltung hat alle Länder der Europäischen Union erfasst, deren Bevölkerung umso stärker unter diesen Maßnahmen leidet, je schwächer ausgeprägt die sozialen Sicherungssysteme zuvor waren, wie im Falle Griechenlands. Entsprechend laut sind in allen Ländern der EU die Appelle an Bürgerinnen und Bürger, sich ehrenamtlich um das Gemeinwohl zu kümmern. EU-Kommission und Europäisches Parlament erklärten das Jahr 2011 zum »Europäischen Jahr der Freiwilligentätigkeit zur Förderung der aktiven Bürgerschaft«.

In Europa ist die Engagementquote in Schweden am größten, was wiederum die These stützt, dass die Bereitschaft zum Engagement in Ländern mit einer langen Tradition gut ausgebauter Sozialsysteme besonders hoch ist. Auch in Großbritannien gehört bürgerschaftliches Engagement traditionell zur Landeskultur. Tatsächlich sank dort aber nach der Jahrtausendwende der Anteil der Freiwilligen an der Bevölkerung insgesamt [Blinkert/Klie, S. 373]. Nicht unwahrscheinlich ist, dass das mit dem Abbau öffentlicher Daseinsvorsorge, begonnen unter der Regierung *Thatcher*, fortgeführt unter *New Labour* und weiteren konservativen Regierungen, zusammenhängt. Kürzungen bei Beamtengehältern, Einsparungen bei Polizei und Feuerwehren, Kürzungen beim Wohngeld im Besonderen und beim Sozialsystem im Allgemeinen trafen die Menschen mit mittlerem und geringem Einkommen im Vereinigten Königreich hart. »Die Zeiten von Charles Dickens kehren zurück«, zitierte *Der Spiegel* 2012 eine in einer Obdachlosen-Absteige Londons hausende Frau [Der Spiegel 2012].

Die konservative Regierung *David Cameron* ab 2010 versprach Abhilfe – ehrenamtliches Engagement und freiwillige Dienstleistungen sollen den sozialen Zerfall aufhalten. Die ideologischen Schlüsselbegriffe in Camerons *Big Society* sind denen in der deutschen *Bürgergesellschaft* zum Verwechseln ähnlich: Es geht um »Verantwortung für uns selbst und unsere Nachbarn, Zusammenarbeit in der Gemeinde und Nachbarschaft, statt sich auf anonyme Bürokratien zu verlassen«. Tatsächlich steigt die Engagementquote seit 2010 wieder an – über 40 Prozent aller Erwachsenen in Großbritannien engagieren sich mindestens einmal im Jahr freiwillig: In Krankenhäusern, Bibliotheken, Museen, bei der Straßenreinigung. Ähnlich wie in Deutschland wird das Engagement bereits gesetzlich normiert und institutionalisiert, etwa im *Care Act* von 2015 [Brindle].

Auch in den Niederlanden ist die Indienstnahme der Ressource Ehrenamt weit fortgeschritten. Gemäß den Vorgaben der Mitte-Rechts-Regierung verkündete König *Willem Alexander* in seiner

Thronrede im September 2013 das Ende des klassischen Sozialstaats und den Beginn der sogenannten Partizipationsgesellschaft.

Aber bereits 2007 wurden Wohlfahrt und öffentliche Daseinsvorsorge dezentralisiert und auf die Kommunen verlagert, die ihre Bürgerinnen und Bürger direkt in Anspruch nehmen – für Altenpflege gleichermaßen wie für die Ordnung in den Parks oder zur Finanzierung einer Fußgängerbrücke per *crowdfunding*. Auch setzen die Niederlande mittlerweile nicht mehr nur auf freiwillige *Burgerkracht* (Bürgerkraft). Mit dem Partizipationsgesetz *Participatiewet* von 2015 werden Empfänger/innen von Sozialhilfe bzw. Arbeitslosenhilfe verpflichtet, »etwas zurückzugeben«; die Übergänge zur Zwangsarbeit sind also erreicht. In Rotterdam, beispielsweise, wird man als Bezieher/in derartiger Transferleistungen zu 20 Wochenstunden Arbeit verpflichtet [Niederlande].

Was tun – und was lieber lassen?

Man kennt das aus den alle Jahre wiederkehrenden Hochwasserkatastrophen wie den Überschwemmungen an der Elbe 2013: Spontan finden sich tausende freiwillige Helferinnen und Helfer ein, die den Feuerwehren und anderen offiziellen Katastrophenschützern zuarbeiten, Sandsäcke füllen, Deiche schützen und evakuierten Menschen beistehen. Ausnahmesituationen rufen in Menschen spontane Hilfsbereitschaft wach. So war es auch, als aus Kriegs- und Krisengebieten Geflüchtete im Herbst 2015 in großer Zahl nach Deutschland kamen.

Spontane Hilfeleistung ist etwas Wunderbares und zugleich in einem Gemeinwesen unverzichtbar, gleichgültig, worum es geht.

Thema dieses Buchs ist nicht die spontane Hilfeleistung in Ausnahmesituationen, sondern das längerfristige Engagement. Und dabei ist es nicht egal, um was es geht. Wie unterscheidet sich basisdemokratisches, selbstbestimmtes, autonom agierendes Engagement von der Indienstnahme für die dem Rotstift zum Opfer gefallene staatliche und kommunale Daseinsvorsorge?

Haben wir es mit einem Engagement zu tun, das – meist in Opposition zu ökonomischen Interessen – grundlegende Rechte einklagt wie das Recht, saubere Luft zu atmen, vor Fluglärm geschützt zu sein oder bezahlbaren Wohnraum zu erhalten? Geht es um basisdemokratische Mitbestimmung von Bürgerinnen und Bürgern bei der Stadtgestaltung, beim Bau von Großprojekten, um den Schutz von Minderheiten, um Widerstand gegen Luxussanierung?

Oder wird Engagement nachgefragt als Stützfunktion an den Rändern des bröckelnden Sozialstaats und für Aushilfsarbeiten am unterfinanzierten Bildungssystem?

Versuchte man, die unterschiedlichen Formen und Ziele von Engagement auf einem Kontinuum zwischen Selbstbestimmung einerseits und Instrumentalisierung andererseits einzuordnen, so stünden Protestbewegungen gegen Naturzerstörung oder gegen unsinnige Großprojekte wie Stuttgart 21 sicherlich an einem Ende des Kontinuums, der »Pflegemix« im Altenheim oder die Lesementoren in der Grundschule am anderen Ende.

Die Abgrenzung ist nicht immer leicht, weil natürlich auch autonome Initiativen, vor allem im sozialen Bereich, Dinge tun, die eigentlich öffentliche Aufgaben sind. »Wir sind uns darüber im Klaren, dass wir mit unserer Arbeit ein System unterstützen, dass wir für menschenunwürdig halten«, sagt *Wilfried Hammers*, Gemeindereferent im rheinischen Herzogenrath, der zusammen mit fünf anderen Engagierten den »Förderverein für Arbeit, Umwelt und Kultur, Region Aachen« gründete, um Langzeitarbeitslose sozial zu integrieren und sie auf den regulären Arbeitsmarkt vorzubereiten. 40 bisher erwerbslose Menschen arbeiten im Second-Hand-Kaufhaus, der Fahrradwerkstatt, dem Möbellager und dem vom Verein gegründeten Soziokulturellen Zentrum.

Der Unterschied zum »Einsatz« von Freiwilligen in der Pflege oder Flüchtlingshilfe besteht darin, dass es sich bei diesem Förderverein um eine von unten initiierte, selbstbestimmte Organisation handelt, die sich im Übrigen über ihre politische Funktion durchaus im Klaren ist [Förderverein]. Projekte wie dieser Verein könnten und sollten für die Politik den Anstoß bilden, für den immer noch großen Sockel von 857.000 Langzeitarbeitslosen (Stand: Frühjahr 2018) wieder Strukturen des Zweiten Arbeitsmarkts aufzubauen, damit zum Beispiel Grünpflege in kommunalen Parks nicht mehr von Ehrenamtlichen ausgeführt werden muss.

Die von den Propagandisten der Bürgergesellschaft so oft gerühmte innovative Kraft des Ehrenamts kam und kommt in der Frauenbewegung, der Ökologiebewegung, der Friedensbewegung. aber auch z.B. in Patienten-Selbsthilfegruppen zum Tragen. Hinzu gekommen sind neuere Organisationen wie *Attac,* oder Initiativen wie *Transition Town*, die gesellschaftsverändernde Kraft entfalten.

Es besteht aber auch immer die Tendenz, dass solche Initiativen in bestehende Systeme eingebunden werden, ohne die Chance, sie zu verändern. So geschieht es zum Teil mit der Patientenselbsthilfe, die mehr oder weniger Teil des Gesundheitssystems geworden ist:

»Wir gehören dem Blinden- und Sehbehindertenverein DBSV an (…), die ehrenamtliche Arbeit wird immer mehr, weil wir teilweise Arbeiten machen, die normalerweise nach SGB IX der Gesetzgeber machen muss. Wie die Beratung im Bereich der Behinderten und Sehbehinderten. Das muss normalerweise der Staat machen, wir machen das jetzt alles mit (…) Das macht kein Amt. Das ist für die jetzt umsonst. Wir kriegen ja kein Geld« [Blinden- und Sehbehindertenverein].

Innovative Projekte wie Frauenhäuser, die über die Jahre bescheidene professionelle Strukturen entwickelten, werden durch Zuschuss-Kürzungen gezwungen, wiederum verstärkt auf ehrenamtliches Engagement zu setzen, obwohl sie gesellschaftlich notwendige Arbeit leisten. Auch Soziokulturelle Zentren, die seit Jahrzehnten mit großenteils ehrenamtlicher Stadtteilarbeit und niedrigschwelligen Kulturangeboten Quartiere attraktiv machen und dort den sozialen Zusammenhalt stärken, müssen in jedem kommunalen Haushaltsjahr um ihre Existenz bangen.

Ehrenamtliche und Freiwillige sollten sich den Bereich, in dem sie sich engagieren, genau angucken, sich die Frage stellen, welche Folgen in einem größeren gesellschaftspolitischen Rahmen ihr Einsatz hat, getreu der Erkenntnis des französischen Soziologen *Michel Foucault*:

»Die Leute wissen, was sie tun; häufig wissen sie, warum sie das tun, was sie tun, was sie tun, was sie aber nicht wissen, ist, was ihr Tun tut« [Foucault].

Konkreter noch kann man es mit dem Theologen und Mitbegründer der Bekennenden Kirche während der Hitler-Diktatur, *Dietrich Bonhoeffer*, ausdrücken:

»Wenn die Kirche den Staat ein Zuviel oder ein Zuwenig an Ordnung und Recht ausüben sieht, kommt sie in die Lage, nicht nur die Opfer unter dem Rad zu verbinden, sondern dem Rad selbst in die Speichen zu fallen« [Bonhoeffer].

Warum brauchen wir »Tafeln«? Wieso gibt es in einem der reichsten Länder der Erde so viele Arme? Warum gibt es in München, Berlin oder Köln so viele Obdachlose? Warum braucht es Mittagstische für arme Kinder? Warum so viele Ehrenamtliche in der Pflege und bei der Altenbetreuung? Hier zu helfen, durch Spenden von Geld oder Zeit, hilft nicht wirklich. Bestenfalls kann das Elend vorübergehend gelindert werden. Aber es kommt zurück, meist in noch gewaltigerem Ausmaß, wie der Konflikt um die »Tafel« in Essen im Frühjahr 2018 zeigte.

Die Tafeln, das bekannteste Modell der neuen Armutsökonomie, gaben sich bisher betont unpolitisch. »Wir wollen ja nur helfen«, war das Motto, also in den Worten Bonhoeffers, die Opfer unter dem Rad verbinden. Bis die Tafel in der Ruhrgebietsmetropole Essen im Dezember 2017 kundtat, einstweilen werde man nur noch Bedürftige mit deutschem Personalausweis als neue »Kunden« annehmen, weil ältere Tafel-Nutzerinnen und alleinerziehende Frauen durch rüpelhaftes Verhalten von ausländischen jungen Männern abgeschreckt worden seien. Der Vorsitzende des Bundesverbands der Tafeln, *Jochen Brühl*, distanzierte sich von dem Schritt, sprach aber auch von »Hilflosigkeit und Überforderung« der Tafeln angesichts des »Bruchs, der durch die Gesellschaft geht«.

Die Essener Tafel gibt die Zahl ihrer Nutzerinnen und Nutzer mit rund 6.000 an, 75 Prozent davon sind Menschen mit Migrationshintergrund. Tatsächlich hätten noch weitaus mehr Menschen in Essen Anrecht auf die Lebensmittelausgabe: 100.000 Menschen sind in der Ruhrmetropole auf Hartz IV oder andere Transferleistungen angewiesen und damit »Tafel-berechtigt« [Tafel Essen].

Zu Recht rügte daher am 6.3.2018 ein Bündnis von 30 Sozial- und Wohlfahrtsverbänden, darunter auch der Bundesverband der Tafeln, die Tatsache, dass so viele Menschen in Deutschland genötigt sind, sich in die Schlangen vor den kostenlosen Lebensmittelausgaben einzureihen, als »Ausdruck eines politischen Versagens in diesem reichen Land«. Die Organisationen forderten, Hartz-IV-Sätze um mindestens 100 bis 150 Euro anzuheben, den sozialen Wohnungsbau

zu fördern und gegen Langzeitarbeitslosigkeit, Kinder- und Altersarmut vorzugehen [Politisches Versagen].

Engagement muss spätestens mittelfristig darauf dringen, Ver-
hältnisse zu ändern, die immer aufs Neue Arme, Ausgegrenzte,
Wohnungslose und Flüchtlinge produzieren. Die Existenz zu sichern
und kulturelle Teilnahme zu ermöglichen, ist Aufgabe des Sozialstaats und darf nicht auf private Akteure, Spender oder Ehrenamtliche abgeschoben werden. Denn noch gilt das Sozialstaatsprinzip des
Grundgesetzes: »Die Bundesrepublik Deutschland ist ein demokratischer und sozialer Bundesstaat« (Art. 20 GG).

Das heißt: Verantwortung der staatlichen (!) Gemeinschaft für die
Grundversorgung, die Lebens- und Teilhabechancen aller Teile der
Bevölkerung. Der Staat muss seinen Gestaltungspflichten aber auch
nachkommen. Der neoliberale Paradigmenwechsel hat das erfolgreich
erschwert. »Privat vor Staat«, »Leistung muss sich lohnen«, »der Markt
regelt das« und was der neoliberalen Weisheiten mehr sind, haben
sich in vielen Köpfen als unabänderliche Wahrheit festgesetzt. Empathie und Mitgefühl, Eigenschaften, die sich viele Menschen auch in
der individualistischen Leistungsgesellschaft erhalten haben, werden
durch die Propagandisten der Ehrenamtlichkeit in Kanäle gelenkt, die
dem Mildtätigigkeitswesen des Mittelalters erschreckend ähneln.

Bedingungsloses Grundeinkommen – der sozialpolitische Urknall?
Als scheinbar universales Allheilmittel gegen Armut, gesellschaftliche
Spaltung und drohenden Arbeitsplatzabbau durch weitere Digitalisierung gilt das sogenannte *bedingungslose Grundeinkommen*. Die Idee
ist eine monatliche Geldzahlung an jeden und jede in Höhe von 600
bis 1.500 Euro, je nach Berechnung der Finanzierung. Gleichzeitig sollen alle bisherigen Transferleistungen wie Arbeitslosengeld, Hartz IV,
Kindergeld und Grundsicherung entfallen. Finanziert werden soll das
durch die eingesparten Transferleistungen, den Abbau von Bürokratie wie Arbeitsagenturen, Jobcenter und Sozialbehörden, außerdem
durch Erhöhung der Konsumsteuern. Bei Erwerbstätigen soll das
Grundeinkommen mit der Einkommensteuer verrechnet werden.

Ist das der gesellschaftspolitische Stein der Weisen, die sozialpolitische Weltformel, um das Problem wachsender Armut ein für alle Mal zu lösen?

Die Befürworter versprechen sich davon einen ungeheuren Kreativitätsschub, weil es durch diese Form der Grundsicherung allen freistünde, erwerbstätig zu sein, zu arbeiten oder nicht, ein Ehrenamt zu übernehmen, sich künstlerisch zu entfalten, politisch zu betätigen oder Angehörige zu pflegen.

Die charmante Seite der Idee: Nichterwerbstätige, Verarmte, Arbeitslose, prekär Beschäftigte oder sonst wie Bedürftige müssten den Ämtern keine Nachweise ihrer Anrechte mehr einreichen und sich deren Kontrolle unterwerfen, um das Grundeinkommen zu erhalten, kurzum, sie bräuchten nicht mehr als Bittsteller in Ämtern aufzutreten. Es bestände auch keine Verpflichtung zu *workfare* – Gegenleistungen, wie etwa Parks reinigen o. ä., was Empfängern von Transferleistungen z. B. in den Niederlanden zugemutet wird.

Es könnte dennoch uncharmante Folgen haben – von der letztlich ungeklärten Frage der Finanzierung abgesehen. In einer deutschen Großstadt dürfte ein »würdevolles Leben« mit Wohnung, Heizung, Nahverkehrs-Abo und Teilnahme am kulturellen Leben für 1.000 Euro im Monat schwerlich zu haben sein.

Schlimmer: Alle auf Veränderung von Strukturen zielenden politischen Forderungen von heute, wie die nach höheren Mindestlöhnen, Ausbau von Bildung, fest finanzierter und institutionalisierter Kinder- und Jugendhilfe, Gesundheitswesen, öffentliche Finanzierung kultureller Einrichtungen, Pflegesektor etc. wären mit einem Schlag delegitimiert und hinfällig.

Viele, die sich für die Idee stark machen, wären selber keineswegs mit einem Monatseinkommen auch von 1.500 Euro zufrieden. Der Unternehmer und Gründer der Drogeriekette *dm, Götz Werner,* wirbt seit Jahren für das Grundeinkommen. In seinem 2010 dazu erschienenen Buch steht der bezeichnende Satz: »Wer nicht um seine eigene Existenz fürchten muss, wer sein Grundauskommen hat, der kann großzügig und gelassen sein hinsichtlich der Unterschiede zwi-

schen Arm und Reich« [Werner, S. 260]. Auch andere Vertreter des
Modells wie der Professor für Internationale Wirtschaftsbeziehun-
gen der Universität Hamburg und »Botschafter der Initiative Neue
Soziale Marktwirtschaft«, *Thomas Straubhaar*, oder der ehemalige thüringische Ministerpräsident *Dieter Althaus* (CDU), der sich
jetzt als Lobbyist eines international tätigen Autozulieferers betätigt,
lassen Zweifel daran aufkommen, ob sie mit dem bedingungslosen
Grundeinkommen oder ähnlichen Modellen tatsächlich so etwas
wie die Befreiung der Armen aus den Klauen der Sozialbürokratie
im Sinn haben oder nicht eher deren Ruhigstellung.

Der Politiker der Grünen und ehemalige Vorstand der Heinrich-
Böll-Stiftung, *Ralf Fücks*, nannte das bedingungslose Grundeinkommen zu Recht eine »Stilllegungsprämie« für Ausgegrenzte. Das untere Drittel der Gesellschaft hätte ein für alle Mal keine Forderungen
mehr zu stellen [Fücks].

Bei politisch naiven Gemütern findet die Idee des bedingungslosen Grundeinkommens dennoch großen Anklang. Die Online-Peti-
tion zu seiner Einführung, die die Greifswalder Tagesmutter *Susanne
Wiest* 2008 ins Internet stellte, wurde von 52.973 Befürwortern mit-
gezeichnet. Bei der Anhörung im Petitionsausschuss des Bundesta-
ges im November 2010 erklärte der Parlamentarische Staatssekretär
im Arbeitsministerium, *Ralf Brauksiepe*, dass die Bundesregierung
ein Grundeinkommen ablehnt, da sie die damit verbundene »völlige
Umstrukturierung des Steuer-, Transfer- und Sozialversicherungs-
systems« für falsch halte [Wiest].

Was tun?

Die Indienststellung der Ressource Engagement dient nicht dazu,
Armut und Bedürftigkeit abzuschaffen. Ehrenamt und Gratisarbeit
können das auch gar nicht leisten; sie können bestenfalls die Be-
gleiterscheinungen mildern. Eine auseinanderdriftende Gesellschaft
kann nicht durch Ehrenamtliche zusammengehalten werden. Der
größte Integrationsfaktor, der wirksamste Kitt für den gesellschaftlichen Zusammenhalt ist existenzsichernde Erwerbsarbeit. Es gibt

genug zu tun, vielleicht nicht auf Dauer in der Warenproduktion, dafür in der Bildung, in der Pflege, in der kommunalen und sozialen Infrastruktur, bei Integrationsaufgaben.

Das von der SPD ins Gespräch gebrachte *solidarische Grundeinkommen*, eine Form von Zweitem Arbeitsmarkt mit sozialversicherten Arbeitsplätzen über dem Mindestlohn, könnte ein Weg sein, zumindest einen Teil der 857.000 Langzeitarbeitslosen in Beschäftigung zu bringen [Stegner].

Einstweilen werden ständig neue Arme produziert, zum Beispiel durch die verschiedenen Rentenreformen der letzten 20 Jahre, de facto Kürzungen. Viele, vor allem alte Frauen, haben jetzt schon so niedrige Renten, dass sie auf Unterstützung angewiesen sind. Und in der Zukunft werden es dank des ausgehöhlten Arbeitsrechts noch mehr sein, wenn erst die unterversicherten Solo-Selbstständigen, die Leiharbeiter, die vielen teilzeitbeschäftigten Frauen, die 450-Euro-Jobber, die *Clickworker,* die zu Hause am PC Microjobs für große Firmen erledigen, und alle sonst wie im digitalen Kapitalismus prekär Beschäftigten – etwa ein Viertel aller Erwerbstätigen – ins Rentenalter kommen. Altersarmut wird weiter zunehmen, wenn das Fundament des Rentensystems nicht bald erweitert wird zu einer solidarischen Bürgerversicherung, das heißt: dessen Ausdehnung auf alle Einkommensbezieherinnen und -bezieher – einschließlich Selbstständige, Beamtenschaft und Minister –, Abschaffung von Arbeitsverhältnissen unterhalb der Versicherungspflichtgrenze und Aufhebung der Beitragsbemessungsgrenzen in der Sozialversicherung.

Armut nimmt nicht nur unter alten Menschen zu. Rund drei Millionen Kinder in Deutschland gelten als arm, eine Zahl nur ein wenig kleiner als die Einwohnerschaft Berlins. Hier helfen auf Dauer weder ehrenamtlich betriebene Kindermittagstische noch Kleiderkammern der Caritas.

Wir müssen zurück zu einem funktionierenden Sozialstaat; Erhöhung der Hartz-IV-Sätze kann nur ein, keineswegs ausreichender, Schritt sein, damit niemand mehr darauf angewiesen ist, in Abfallkörben nach Pfandflaschen zu wühlen und sich das Essen bei den Ta-

feln abzuholen (die großen Lebensmittelketten müssten ihre Über-
produktions- und Müllprobleme dann anders lösen).

Sinnvoller als die Erhöhung von Transferzahlungen wie Hartz IV,
Kindergeld oder »Mütterrente« sind die Sanierung und der Ausbau
öffentlicher Infrastruktur:

- Kein Mensch bräuchte die zahlreichen, durch Spenden und
  ehrenamtliche Arbeit betriebenen Kindermittagstische, wenn
  Kommunen und andere Schulträger finanziell in der Lage wären,
  Schulkindern täglich ein gutes Mittagessen bereitzustellen, ohne
  dass Eltern dafür zahlen müssen. Ob und wie die im Koalitionsvertrag von 2018 gemachten Versprechungen umgesetzt werden,
  den Kommunen mehr Geld für Kinderbetreuung, Schulessen
  und Kitas zur Verfügung zu stellen, bleibt abzuwarten.
- Welche Stadt bräuchte Grünflächenpaten, wenn sie genug Geld
  hätte, um Langzeitarbeitslosen in der Parkpflege eine Erwerbsarbeit zu ermöglichen?
- Kein Mensch bräuchte ehrenamtlich betriebene Bürgerbusse,
  wenn (bezahlbarer) öffentlicher Personennahverkehr auch in
  Landkreisen wieder selbstverständlich wäre.
- Kein Mensch bräuchte ehrenamtliche Paten, um Schulabgänger
  in Ausbildung und Beruf zu begleiten, wenn Schulen in der Lage
  wären, Jugendliche entsprechend vorzubereiten.
- Wie viele Ehrenamtliche bräuchten wir noch in der Pflege, wenn
  die Hauptamtlichen wieder Zeit hätten für das gesamte Spektrum
  ihrer beruflichen Kompetenz, also auch für Kommunikation und
  Zuwendung?

Es geht um Geld, denn die Reduzierung von Gratisarbeit ist nur
möglich, wenn man sich von marktradikalen Glaubenssätzen und
von der »Schwarzen Null« als finanzpolitischer *Ultima Ratio* verabschiedet, Phrasen wie »Ehrenamt als Grundvoraussetzung aktiver
Sozialpolitik«, »Privat vor Staat«, »der Markt regelt das« und ähnliche Weisheiten für ungültig erklärt. Also geht es um Steuererhöhungen, etwas, das unsere Politiker/innen fürchten wie den Leibhaftigen.
Denn es ist vor fast jeder Bundestagswahl der letzten Jahre gelungen,

einen großen Teil des Wahlvolks mit diesem Schreckgespenst zu ver-
unsichern. Die Reichen stärker belasten, um mehr Geld für bessere
Schulen, für sozialen Wohnungsbau, für Sozialarbeiter-Stellen, für
besser bezahlte Pflegekräfte und den Aufbau professioneller Strukturen zur Integration von Flüchtlingen und Migranten zur Verfügung
zu haben? Da fühlen sich auch die nicht von Vermögensabgabe oder
Reichensteuer Betroffenen betroffen. Das schlechte Abschneiden
der Grünen in der Bundestagswahl 2013 (8,4 Prozent) wurde vom
rechten Flügel der Partei prompt mit den Steuerreform-Vorschlägen
im Wahlprogramm in Verbindung gebracht. Die Forderung lautete:
Spitzensteuersatz von 49 Prozent ab einem zu versteuernden Jahreseinkommen von 80.000 – das mittlere Einkommen in Deutschland
liegt bei etwa 40.000 Euro im Jahr; nur 15 Prozent der Erwerbstätigen verdient mehr als 66.000 im Jahr [Verdienste]. »Bei den Steuern
haben wir Maß und Mitte verlassen«, behauptete dennoch *Winfried
Kretschmann* am Wahlabend im ZDF [Kretschmann]. 2017 wollten
die Grünen diesen vermeintlichen Fehler nicht begehen, sprachen
sich dafür aus, Beträge ab 100.000 Euro zu versteuerndes Jahreseinkommen mit dem Spitzensteuersatz zu belegen; wie hoch der sein
sollte, ließ man vorsichtshalber offen. Der Erfolg war auch nicht
überwältigend; die Grünen fuhren gegenüber der Bundestagswahl
2013 einen Stimmenzuwachs von 0,5 Prozent ein.

Die aktuelle Große Koalition verspricht sich ebenfalls mehr von
Steuersenkungen als von Steuererhöhungen. Allein der geplante Abbau des Solidaritätszuschlags soll bis zu 20 Milliarden Euro kosten.

Fast genauso tabuisiert wie die Besteuerung hoher Einkommen
sind Abgaben auf Vermögen, auf Kapitalerträge oder Erbschaften.
Dabei vergeht kaum ein Tag, an dem nicht in irgendwelchen Medien
über die wachsende Kluft zwischen Arm und Reich in der Welt im
Allgemeinen und in der Bundesrepublik im Besonderen berichtet
würde.

Auch wenn weltweit weniger Menschen als noch vor 20 Jahren
um das nackte Überleben kämpfen müssen, wächst global die Ungleichheit. Einer Studie der Hilfsorganisation *Oxfam* von Anfang

2018 zufolge besitzen die weltweit reichsten 42 Menschen so viel wie die komplette ärmere Hälfte der Weltbevölkerung, 3,7 Milliarden Menschen [Oxfam].

In Deutschland besitzen die wohlhabendsten zehn Prozent der Haushalte etwa 60 Prozent des gesamten Privatvermögens von 6,3 Billionen Euro; dazu zählen Sachvermögen wie Immobilien, Anteile an Unternehmen, Schmuck oder Autos und Finanzvermögen inklusive Wertpapiere und Aktien, abzüglich Schulden wie Hypotheken oder Kredite.

Die unteren 20 Prozent der Bevölkerung in Deutschland besitzen gar kein Vermögen. Etwa neun Prozent aller Haushalte haben negative Vermögen, sind also verschuldet. Schon wer ein Vermögen von mehr als 722.000 Euro besitzt, gehört in Deutschland zu den obersten fünf Prozent.

Das durchschnittliche Nettovermögen lag 2014 laut Bundesbank bei 214.500 Euro. Der Mittelwert der Nettovermögen, der sogenannte Median, der in der Mitte liegt, wenn man die Haushalte in eine reichere und eine ärmere Hälfte teilt, lag allerdings deutlich niedriger und betrug 2014 netto 60.400 Euro. Die große Differenz zwischen Durchschnitts- und Medianvermögen ist ein Indiz für hohe Ungleichheit [Vermögende Deutsche].

Die genannten Zahlen beruhen auf konservativen Schätzungen, das wahre Ausmaß der Ungleichheit ist wahrscheinlich größer. Schließlich sind hohe und sehr hohe Vermögen in den meisten Statistiken nur mangelhaft erfasst – die Stichproben beruhen auf freiwilligen Umfragen, an denen sich Multimillionäre oder Milliardäre in der Regel nicht beteiligen.

Wie sehr das Ausmaß der Vermögensungleichheit unterschätzt wird, dafür liefert eine von der *Hans-Böckler-Stiftung* geförderte Studie des *Deutschen Instituts für Wirtschaftsforschung* Hinweise: Die Untersuchung bezieht zusätzliche Informationen aus Reichenlisten ein, zum Beispiel aus der sogenannten *Forbes-Liste*. Nach dieser Schätzung fällt das gesamte Nettovermögen der privaten Haushalte in Deutschland zwei bis drei Billionen Euro höher aus als die gemeinhin angenommenen 6,3 Billionen. Das reichste Prozent der Haushalte dürfte dann rund ein Drittel des Gesamtvermögens besitzen – und nicht nur ein Fünftel, wie mit herkömmlichen Methoden ermittelt. Amtliche Daten zum Vermögen von Superreichen fehlen, da keine Vermögenssteuer erhoben wird [Hans-Böckler-Stiftung].

»Eine Vermögenssteuer würde automatisch zu einer Vollerhebung der Besitztümer führen. Genau deswegen wehren sich die Reichen auch mit ihrer gesamten Lobbymacht gegen eine solche Steuer. Sie scheuen gar nicht die eigentliche Finanzbelastung, sondern sie wollen verhindern, dass plötzlich Transparenz herrscht«, kommentiert die Wirtschaftsexpertin der *taz, Ulrike Herrmann* [Herrmann].

Inzwischen warnen sogar Institutionen, die keineswegs des Sozialismus verdächtig sind, wie die Weltbank, der Internationale Währungsfonds, die OECD oder das Weltwirtschaftsforum, vor den negativen Folgen für die Weltkonjunktur, wenn die Vermögenskonzentration in den Händen weniger weiter zunimmt. »Der Kampf gegen Ungleichheit muss in das Zentrum der politischen Debatte rücken. Wachsen und gedeihen werden vor allem jene Länder, die alles daran setzen, dass ihre Bürger von klein auf gleiche Chancen haben« [OECD 2014].

Deutschlands Politiker lässt das unbeeindruckt. Es gibt von ihrer Seite keine Initiative, die 1997 ausgesetzte Vermögenssteuer wiederzubeleben. Dabei liefert die Geschichte der Bundesrepublik ein wunderbares Vorbild aus den Nachkriegs-Anfängen: Das Lastenausgleichsgesetz (LAG) von 1950, wonach die Hälfte der damaligen Vermögen eingezogen wurde – abzüglich eines Freibetrags von 25.000 D-Mark und gestreckt auf 30 Jahre – verlieh dem »Wirtschaftswunder« wesentliche Impulse. Die Wiedereinführung einer Vermögenssteuer heute würde das oberste Prozent der Vermögenden betreffen und der Staatskasse jährlich etwa 10 bis 20 Milliarden Euro zuführen [DIW 2016].

Schlusswort

Ich habe versucht darzustellen, wie die in der Demokratie unverzichtbare Ressource Engagement instrumentalisiert wird.

Sich gegen die ständige Einforderung von Engagement und Gratisarbeit an den Rändern des kleingeschrumpften Sozialstaats auszusprechen, die Indienstnahme von ehrenamtlicher Tätigkeit in Bereichen kommunaler und staatlicher Aufgaben und öffentlicher Daseinsvorsorge zu kritisieren – vom öffentlichen Personennahverkehr bis zur Ganztagsschule –, das gilt vielen inzwischen als politisch unkorrekt, ja als geradezu blasphemisch, um nicht zu sagen: menschenfeindlich, wie mir die Geschäftsführerin einer Freiwilligenagentur bescheinigte. Mindestens trifft die Kritik angesichts der Hilfsbedürftigkeit an allen Ecken und Enden der Gesellschaft auf großes Unverständnis.

Daniela Neumann hat in ihrer Heidelberger diskursanalytischen Dissertation »Das Ehrenamt nutzen« ausführlich den über dreißigjährigen Prozess nachvollzogen, an dessen Ende heute die selbstverständliche Akzeptanz von Freiwilligenarbeit und Engagementpolitik auf allen Ebenen steht. Es hat sich – in der Begrifflichkeit der Diskursanalyse – eine neue hegemoniale Ordnung des Denkens etabliert; ein bestimmtes Bild von Gesellschaft ist zur Norm geworden, das andere Vorstellungen und Handlungsalternativen weitgehend ausschließt.

Das Verständnis, wonach Gratisarbeit von Bürgerinnen und Bürgern, nicht nur in klassischen Ehrenämtern, sondern in kommunalen Diensten, in der Bildung, der Pflege und dem Sozialen nicht nur notwendig, sondern selbstverständlich, quasi natürlich ist, jedenfalls nicht mehr hinterfragbar, diese Vorstellungen zu hinterfragen, ist Ziel dieses Buchs.

Der Sozialstaat hat seine ausgestreckte Hand ein ganzes Stück weit zurückgezogen – viele Hände ehrenamtlich Engagierter sind jetzt gefragt, um die »Koproduktionen im Welfare-Mix« anzurühren [Klein]. Wer keine Zeit hat, Zeit zu spenden, ist aufgerufen, Geld zu spenden, um die Not am unteren Ende der gesellschaftlichen Pyramide zu lindern, in Deutschland oder weltweit.

Dieses Buch soll dazu beitragen, den Blick zu schärfen für die Grenzen zwischen einem autonomen, inhaltlich selbst bestimmten Engagement – sei es freizeitorientiert oder mit dem Anspruch gesellschaftlicher Veränderung – und der Indienstnahme von Engagement zum Zweck, den Rückzug des Sozialstaats und der öffentlichen Dienste zu kompensieren und so die Kollateralschäden des Neoliberalismus zu mildern.

Literatur und Quellen

Advent: »Bild«, München, 6.2.2017

Alltagsbegleiter/in: vgl. z. B. www.awo-essen.de, aufgerufen 6.3.2018

Akademie für Ehrenamtlichkeit: www.ehrenamt.de, aufgerufen 16.11.2016

Arbeiterkind: www.ArbeiterKind.de, aufgerufen 19.3.2018

Arbeitslosenselbsthilfe: www.arbeitslosenselbsthilfe.org, aufgerufen 15.4.2018.

Ashoka: »Ashoka Deutschland – Heimat der Changemaker«: www.ashoka.org/de. (Inzwischen findet man auf dieser Website keine Hinweise mehr auf »Deutschland rundet auf«.)

Backes/Clemens: Backes, Gertrud und Clemens, Wolfgang: Lebensphase Alter, Weinheim 2008

Becker, Boris: taz, 31.5.2011

Bertelsmann 2017: Autoren der Studie sind Prof. Dr. Dr. Helmut Schneider und Markus Gerold von der Steinbeis-Hochschule Berlin GmbH; www.bertelsmann-stiftung.de/.../Studie_Indi; Vgl. auch: Nachrichtendienst BürgerAktiv, Dez. 2017

Bertelsmann 2018: www.cr-index.de, aufgerufen 7.5.2018

Betreuungsassistent/innen: www.sozial-holding.de/gehaltsuebersicht.html, aufgerufen 9.3.2018

Better Place: www.betterplace.org, aufgerufen 4.2.2018

Bleicherode: Nachrichtendienst Bürgergesellschaft, November 2016

Blinden- und Sehbehindertenverein: Zitat eines Engagierten aus Lalendorf, Mecklenburg-Vorpommern. In: Meergans, Uwe: Auf der Suche nach dem Wir-Gefühl. Begünstigende und hemmende Faktoren für bürgerschaftliches Engagement in Mecklenburg-

Vorpommern. Infratest dimap im Auftrag der Herbert-Quandt-Stiftung, Bad Homburg v. d. Höhe, 2013, S. 82

Blinkert/Klie: Baldo Blinkert und Thomas Klie, Zivilgesellschaftliches Engagement in Deutschland und Europa. In: Thomas Klie, Anna Wiebke Klie (Hg): Engagement und Zivilgesellschaft. Expertisen und Debatten zum Zweiten Engagementbericht, Wiesbaden 2017, S. 339 ff.

BMFSFJ 2009: Bundesministerium für Familie, Senioren, Frauen und Jugend Pressemitteilung vom 15.7.2009

BMFSFJ 2014: Pressemitteilung vom 6.8.2014

BMFSFJ 2015a: Pressemitteilung vom 7.1.2015. Fünf Stiftungen und ein Unternehmen sind die Kooperationspartner des BMFSFJ bei diesem Projekt: Bertelsmann-Stiftung, Herbert-Quandt-Stiftung, Generali Zukunftsfonds, Körber-Stiftung, Robert-Bosch-Stiftung und BMW; vgl. auch www.engagiertestadt.de.

BMFSFJ 2015b: BMFSFJ (Hg), INBAS-Sozialforschung GmbH, Kooperation von Haupt- und Ehrenamtlichen als Gestaltungsaufgabe. Berlin 2015, S. 15 (Hervorhebungen im Original)

BMFSFJ 2016a: Freiwilligensurvey 2014, Langfassung: www.bmfsfj.de/blob/jump/93916/freiwilligensurvey-2014-langfassung-data.pdf

BMFSFJ 2016b: Zweiter Engagementbericht 2016. Zentrale Ergebnisse. brosch., Berlin o. J. (2016)

BMFSFJ 2017: Pressemitteilung vom 20.7.2017

BMFSFJ 2018a: www.youtube.com/watch?v=Jvr7H73KkCQ&feature=youtu.be, abgerufen 27.2.2018. Mehrfachnennungen möglich, denn viele Engagierte engagieren sich nicht nur in einem Bereich.

BMFSFJ 2018b: Auskunft der Pressestelle des BMFSFJ vom 17.5.2018 und vom 10.7.2018

Bonhoeffer, Dietrich, zitiert nach: Rabe, Stephan Georg: »Dem Rad in die Speichen fallen.« Dietrich Bonhoeffer und die Notwendigkeit, in die Politik einzugreifen. Politisches Bildungsforum Brandenburg, 21. Januar 2016, www.kas.de/wf/de/33.43963/, aufgerufen 4.4.2018

Book, Simon: Stiftungen und Vereine werden zu Steueroasen. In: Wirtschaftswoche, 11.7.2016

Bremen: Paritätische Gesellschaft für soziale Dienste, Bremen, www.
pgsd.de, aufgerufen 10.3.2018

Brindle, David: A history of the volunteer, in: The Guardian, 1. Juni
2015,www.theguardian.com/voluntary-sector-network/2015/jun/
01..., aufgerufen 27.4.2018

Brot am Haken: www.brot-am-haken.org und »magazin enorm«
https://enorm-magazin.de/, aufgerufen 4.7.2017

Bronfman, Charles, zitiert nach: Bréville, Benoit: Wenn Bürger den
Sozialstaat untergraben. Die fatalen Wirkungen der neoliberalen
Spendenkultur in den USA, Le Monde diplomatique, deutsche
Ausgabe, Dezember 2014

Bude, Heinz: Adorno für Ruinenkinder. München 2018, hier zitiert
nach:»Literatur-Spiegel«, Februar 2018

Bürger für Bürger: Dokumentation zum 12. Forum Bürgergesellschaft 5./6. Mai 2017; www.buerger-fuer-buerger.de.

Buffet, Peter: The Charitable Industrial Complex, New York Times
(New York Edition), 27. Juli 2013. Übersetzung: die Autorin

Bundesamt für Bau-, Stadt- und Raumforschung: www.bbsr.bund.
de/BBSR/DE/FP/ReFo/Staedtebau/2011/Verfuegungsfonds/01_
Start.html?nn=395966&notFirst=true&docId=438470, aufgerufen 1.5.2018

Bundesfreiwilligendienst: www.bundesfreiwilligendienst.de/fileadmin/
de.bundesfreiwilligendienst/content.de/Service_Menue_Kopf/Pres-
se/Statistiken/180228-BL_Alter_u_Geschlecht_02_18_barrierefrei.
pdf

Bundesverband Deutscher Stiftungen: www.stiftungen.org, aufgerufen 4.2.2018

Bush, George W.: New York Times, 28. Januar 2016

Butterwegge (2013), Christoph, in: taz 25.11.2013

Butterwegge (2018), Christoph: Armut. Köln 2018[3]

Cappuccino in Köln: www.rundschau-online.de, 23.6.2016; aufgerufen 16.4.2018. Vgl. auch www.suspendedcoffee.de

Caritas Köln: Kölner Stadt-Anzeiger, 17.10.2017

Costa, Gianni/Klüttermann, Stefan: Von Reinhard Grindel bis Boris
Becker. Was Ehrenamtler im Spitzensport verdienen, in: Rheini-
sche Post 14.9.2017

Dahme/Kühnlein: Dahme, Heinz-Jürgen / Kühnlein, Gertrud u. a.:
Zwischen Wettbewerb und Subsidiarität. Wohlfahrtsverbände
unterwegs in die Sozialwirtschaft. Berlin 2005, zit. nach Bergmann,
Christian: Wohlfahrtsverbände im Wettbewerb. Magister-Arbeit,
Universität Tübingen 2008, S. 5

Der Spiegel 2012, Nr. 49/2012

Der Spiegel 2018, Nr. 21/2018

Deutscher Bundestag (2002): Enquete-Kommission »Zukunft des
bürgerschaftlichen Engagements«, Bericht: Bürgerschaftliches
Engagement: auf dem Weg in eine zukunftsfähige Bürgergesellschaft, Opladen 2002

Deutscher Gewerkschaftsbund: DGB-Index Gute Arbeit 2017, ver.
di publik, 1/2018

Deutscher Spendenrat: Kölner Stadt-Anzeiger, 5.3.2018

DIW 2016: Deutsches Institut für Wirtschaftsforschung www.diw.
de/.../diw.../rueckkehr_der_vermoegensteuer_koennte_geld_
in_die_s..., aufgerufen 7.5.2018

Dörner, Klaus: Leben und Sterben: Die neue Bürgerhilfebewegung, in:
Aus Politik und Zeitgeschichte 18.1.2008, www.bpb.de/apuz/31452

Ebert u. a.: Ebert, Olaf/Hartnuß, Birger/Rahn, Erik/Schaaf-Derichs,
Carola: Freiwilligenagenturen in Deutschland. Schriftenreihe des
BMFSFJ 227. Stuttgart 2002

Effektiver Altruismus (1): www.spiegel.de/panorama/gesellschaft/
effektiver-altruismus-w..., aufgerufen 14.4.2017

Effektiver Altruismus (2): Zeit Campus, 11. Mai 2016, www.zeit.de/
campus/2016-05/effektiver-altruismus-berlin-gute..., aufgerufen
21.4.2018

Engel Mannheims: Pressestelle der Universität Mannheim, aufgerufen 3.2.2014

Ernst & Young: Verschuldung der deutschen Großstädte 2012 – 2016, November 2017. www.ey-verschuldung-der-deutschen-grosssta-edte-2012-2016.pdf

Erster Engagementbericht 2012: Für eine Kultur der Mitverantwor-tung. Bundestagsdrucksache 17/10580, 23.8.2012

Flüchtlingshelferinnen: Kölner Stadt-Anzeiger, 26.10.2016

Förderverein: Förderverein Arbeit, Umwelt und Kultur, Region Aachen e.V. Petra Pluwatsch: Große Verdienste, kein Profit. In Her-zogenrath stehen Ehrenamtliche hinter einem Kaufhaus-Projekt für Langzeitarbeitslose. In: Kölner Stadt-Anzeiger, 18./19.4.2015

Forst, Rainer: taz, 24.12.2008

Foucault, Michel, zitiert nach Dreyfus, Hubert L. / Rabinow, Paul: Michel Foucault. Jenseits von Strukturalismus und Hermeneutik. Weinheim 1994, S. 219

Freiwilligenagentur Köln: www.koeln-freiwillig.de, aufgerufen 4.5.2018

Freiwilligensurvey 2014: Bundesministerium für Familie, Senioren, Frauen und Jugend (Hg), Freiwilligen-Survey 2014. Langfassung, Berlin 2016

Frühe Hilfen: www.fruehehilfen.de, aufgerufen 9.3.2018

Fücks, Ralf: taz, 23.10.2007

Gauck, Joachim: Welt Kompakt, 8.1.2015

GEFA: Maria Ebert, GEFA, im taz-Interview, 3.12.2016

Generali: www.zukunftsfonds.generali.de/online/portal/gdinternet/zukunftsfonds/content/314342/309588

Gewerkschaft ver.di (2014a): ver.di publik, 7/2014

Gewerkschaft ver.di (2014 b): Referat Klenter auf der Sitzung der AG 7 des Bundesnetzwerks Bürgerschaftliches Engagement am 17.10.2014

Golf: Kölner Stadt-Anzeiger, 3./4.9.2016

Google: Google LLC; Mountain View, CA, USA (Hg), »Aufbruch Ehrenamt. Wie Engagement und Hilfe noch mehr bewirkt«, Bro-schüre 2017

Gorz, André: Wege ins Paradies. Thesen zur Krise, Automation und Zukunft der Arbeit, Berlin 1983

Graf, Laura: Asyl, eine Frage der Kultur? Die ambivalente Rolle zivilgesellschaftlichen Engagements im deutschen Asylregime. In: Forschungsjournal Soziale Bewegungen Nr. 3/2017, S. 56 ff.

Grefrath, Mathias: Die Jahre danach. Die Linke jenseits von Schröder, Fischer und Lafontaine. Le Monde diplomatique, dt. Ausgabe, September 2005

Habeck, Robert: In: ARD: Hartz IV – Reformieren oder Abschaffen? »Anne Will«, 8.4.2018

Hans-Böckler-Stiftung: www.boeckler.de/Impuls_2017_04_5.pdf, aufgerufen 9.5.2018

Hartmann, Kathrin: Wir müssen leider draußen bleiben. Die neue Armut in der Konsumgesellschaft, München 2012

Henkel: »bizz« 5/2001, S. 49 (Das Wirtschaftsmagazin bizz erschien bis 2002 bei Gruner und Jahr)

Henzler/Späth: Henzler, Herbert / Späth, Lothar: Der Generationenpakt. Warum die Alten nicht das Problem, sondern die Lösung sind. München 2011 (Zitat aus der Verlagswerbung)

Herrmann, Ulrike: taz, 17.7.2014

Hesse, Konrad: Grundzüge des Verfassungsrechts der Bundesrepublik Deutschland, Karlsruhe 1967

Heuser u. a.: Heuser, Uwe Jean; Lobenstein, Caterina; Rohrbeck, Felix; Rohwetter, Marcus: Sie wollen nur unser Bestes. Die Zeit, Nr. 32/2016

Hoeneß, Uli: Der Spiegel, Nr. 6/2013

Holland-Letz, Matthias: Scheinheilige Stifter. Wie Reiche und Unternehmen durch gemeinnützige Stiftungen noch mächtiger werden. Köln 2015. Vgl. auch Interview Holland-Letz in der taz, 9.7.2013

Hummel, Konrad, siehe: www.freiwilligen-zentrum-augsburg.de/ freiwilligen_zentrum_augsburg_pdf_files/freiwilligen_zentrum_ augsburg_vor_hummel.pdf

.

IGLU: Die Zeit, 28.12.2017

Initiative Neue Soziale Marktwirtschaft (Hg): Deutschland zum Selbermachen. Ideen statt Rotstift: 22 beachtliche Beispiele, wie Bürger Staat machen. München und Zürich 2007

Integrationspauschalen: Kölner Stadt-Anzeiger, 26.10. und 26.11.2016

Jacob, Gisela (2012):»Verdienstlichung« des Engagements – Freiwilligendienste als neuer Hoffnungsträger der Engagementförderung, in: BBE-Newsletter 11/2012

Jacob, Gisela (2015), in: BürgerAktiv, Nachrichtendienst Bürgergesellschaft, Sonderausgabe Januar 2015, 13.1.2015

Jacob, Gisela (2018): Interview auf www.evangelisch-ehrenamt.de,
aufgerufen 22.3.2018

Jessen, Jens: Not lehrt beten. Wem nützt die Fernsehkampagne für
das Ehrenamt? Die Zeit, 14. 5. 2009

Kelbert, Doris: Leserbrief, Kölner Stadt-Anzeiger 14.7.2017

KiWi Köln: Kölner Stadt-Anzeiger, 18.7.2017

Klein, Ansgar: Nachruf auf Thomas Olk, in: engagement macht
stark. Magazin des Bundesnetzwerks Bürgerschaftliches Engagement, Nr. 1/2016, S. 21

Klie/Klie: Klie, Thomas / Klie, Anna Wiebke (Hg.): Engagement und
Zivilgesellschaft. Expertisen und Debatten zum Zweiten Engagementbericht, Wiesbaden 2018

Klimaschutz: www.co2online.de, aufgerufen 27.3.2018

Knobloch, Jochen: Trinkgeld für Deutschland, Berliner Zeitung,
8.9.2012

Koalitionsvertrag 2013: Deutschlands Zukunft gestalten. Koalitionsvertrag zwischen CDU, CSU und SPD, 18. Legislaturperiode – Die
Ausnahme ehrenamtlicher Tätigkeit von Mindestlohnregelungen
wurde in das seit 1.1.2015 geltende Mindestlohngesetz übernommen: »Von diesem Gesetz nicht geregelt wird die Vergütung von
zu ihrer Berufsausbildung Beschäftigten sowie ehrenamtlich Tätigen.« (§ 22 (3))

Koalitionsvertrag 2018: Ein neuer Aufbruch für Europa – eine neue Dynamik für Deutschland – ein neuer Zusammenhalt für unser Land. Berlin, 12.3.2018

Köcher/Haumann: Renate Köcher/Wilhelm Haumann, Engagement in Zahlen. In: Klie/Klie (Hg.): Engagement und Zivilgesellschaft. Expertisen und Debatten zum Zweiten Engagementbericht, S. 15 ff.

Kretschmann, Winfried: taz, 22.9.2013

KV Niedersachsen: Entschädigungsordnung der Kassenärztlichen Vereinigung Niedersachsen, gültig ab 1.1.2017

Lindenthaler Dienste: Lindenthaler Dienste e.V.: www.lidiev.de, aufgerufen 23.3.2018

Lorenz, Stephan (Hg): Tafelgesellschaft. Zum neuen Umgang mit Überfluss und Ausgrenzung, Bielefeld 2010

Lübke, Friederike: Vier Minuten für Heinz, Die Zeit, 10.12.2013; vgl. auch www.pflege.de/altenpflege/grundpflege/

Mahnken, Alina: Einladung zum Netzwerkprogramm »Engagierte Stadt«. www.engagiertestadt.de, aufgerufen 16.1.2015

Mehrwert: https://land-der-ideen.de/projekt/mehrwert-ggmbh-agentur-fuer-soziales-lernen-2063, aufgerufen 11.2.2018

MentoRing Tag: Kölner Stadt-Anzeiger, 22.5.2014

Millowitsch: Kölner Stadt-Anzeiger, 25.11.2014

Minijobzentrale: www.minijobzentrale.de/SharedDocs/Downloads/DE/Rundschreiben/01_ag_rundschreiben_versicherung/PDF01_Geringfuegigketisrichtlinien_12112014.pdf?__blob=publicationFile&v=1, S. 114, aufgerufen 21.3.2018

Mülheim/Ruhr: www.rs-stadtmitte.de/ (Bericht vom 27.2.2015)

München: Süddeutsche Zeitung, Weihnachten 2017, 23.–26.12.2017

Nachrichtendienst Bürgergesellschaft: bürgerAktiv – Nachrichtendienst Bürgergesellschaft der Stiftung Aktive Bürgerschaft, www.aktive-buergerschaft.de/buergergesellschaft/nachrichtendienst/…

Netzwerk Service Learning: http://wp1043568.server-he.de/index. php?id=11, aufgerufen 28.2.2018

Neumann, Daniela (2016): Das Ehrenamt nutzen. Zur Entstehung einer staatlichen Engagementpolitik in Deutschland. Bielefeld 2016

Niederlande: www.domradio.de/.../niederlande-verpflichten-arbeitslose -zum-gemeinschaftsdi..., abgerufen, 27.4.2018 (Sendung 9.2.2015)

Niedersachsen: www.Soziales.Niedersachsen.de, aufgerufen 28.12.2016

Nordrhein-Westfalen (2017): Kölner Stadt-Anzeiger, 10.11.2017

Nordrhein-Westfalen 2018a: www.kommunale-integrationszentren-nrw.de, aufgerufen 21.5.2018 und www.mkffi.nrw/pressemitteilung/landesregierung-setzt-neue-akzente-bei-komm..., aufgerufen 16.3.2018

Nordrhein-Westfalen 2018b: Zitate aus der Presseerklärung des Ministerium für Heimat, Kommunales, Bau und Gleichstellung des Landes NRW vom 15.3.2018; zu Heino: Die Welt, 22.3.2018

Notz, Gisela:»Freiwilligendienste« für alle. Von der ehrenamtlichen Tätigkeit zur Prekarisierung der »freiwilligen« Arbeit. Neu-Ulm 2012

Obdachlose Berlin: Der Tagesspiegel, 12.10.2017

OECD (2014): Arbeitspapier der OECD, Dezember 2014, zit. nach taz, 10.12.2014

OECD (2018): OECD_Indikatoren Bildung auf einen Blick, S. 231, deutsch-finalpdf, aufgerufen 19.3.2018

Olk, Thomas: Die Bürgerkommune. Ein Leitbild für die Verwirklichung der Bürgergesellschaft auf lokaler Ebene. Hier zitiert nach: Pinl (2013), S. 105

Oxfam: Kölner Stadt-Anzeiger, 7.2.2018

Paritätische Freiwilligendienste Sachsen: www.freiwillig-jetzt.de/, aufgerufen 22.3.2018

Pflegenotstand: Kölner Stadt-Anzeiger, 19.9.2017 und Antwort der Bundesregierung auf eine parlamentarische Anfrage der Fraktion Bd. 90/Die Grünen im Deutschen Bundestag, Kölner Stadt-An-

zeiger, 25.4.2018. Zum internationalen Vergleich: siehe: Das deutsche Pflegesystem ist im EU-Vergleich..., www.boell.de, aufgerufen 11.5.2018

Phineo: www.phineo.org; www.wikipedia.de/Stiftung Charité, aufgerufen 6.2.2018

Pinl, Claudia (2010): Ehrenamt: Neue Erfüllung, neue Karriere. Wie
sich Beruf und öffentliches Ehrenamt verbinden lassen. Regens-
burg 2010

Pinl, Claudia (2013): Freiwillig zu Diensten? Über die Ausbeutung
von Ehrenamt und Gratisarbeit. Frankfurt a. M. 2013

Politisches Versagen: n-tv.de, 6.3.2018, aufgerufen 9.3.2018

Putnam, Robert (Hg): Gesellschaft und Gemeinsinn. Sozialkapital
im internationalen Vergleich, Gütersloh 2001

Radkau, Joachim: Geschichte der Zukunft. Prognosen, Visionen, Ir-
rungen in Deutschland von 1945 bis heute. München 2017

Rhein-Erft-Kreis: Leserbrief Kölner Stadt-Anzeiger, 23.12.2016 und
Auskunft einer Flüchtlingshelferin aus Brühl/Rheinland

Rosengarten: Kölner Stadt-Anzeiger, 20.2. und 8.5. 2014

Roski, Steffen: Konzern-Macht-Politik-Wissen. Sozialwissenschaften
als Hilfskräfte in Bertelsmanns ›Reformwerkstatt‹. In: Wernicke,
Jens / Bultmann, Torsten (Hg): Netzwerk der Macht – Bertelsmann. Marburg 2007, S. 81

Roß/Roth: Paul-Stefan Roß / Roland Roth, Bürgerkommune. In:
Klie/Klie, S. 232

Roth, Roland: taz, 6.12.2016

RWE Companius: www.rwecompanius.com, aufgerufen 11.2.2018

Sachsen: www.senioren.alltagsbegleitung-sachsen.de, aufgerufen
6.3.2018

Sachße, Christoph: Freiwilligenarbeit und private Wohlfahrtskultur
in historischer Perspektive. In: Zimmer, Annette / Nährlich, Stefan (Hg.): Engagierte Bürgerschaft. Traditionen und Perspektiven.
Opladen 2000, S. 75. Hier zitiert nach Neumann, S. 9

Sandberg/Schneider/Vogt: Sandberg,   Berit / Schneider,   Friedrich / Voigt, Jasmin: In: Zeitschrift für öffentliche und gemeinwirtschaftliche Unternehmen ZögU, 40. Jg., 2-3/2017

Schilling/Klus: Schilling, Johannes / Klus, Sebastian: Soziale Arbeit. Geschichte-Theorie-Profession. München 2018

Schneider, Ulrich: Mehr Mensch! Gegen die Ökonomisierung des Sozialen. Frankfurt/M. 2014.

Schröder/Blair: Schröder, Gerhard / Blair, Tony (2000): www.glasnost.de/pol/schroederblair.html

Schröder (2000), Gerhard: Zivile Bürgergesellschaft. Anregungen zu einer Neubestimmung der Aufgaben von Staat und Gesellschaft. In: Neue Gesellschaft/Frankfurter Hefte, Nr. 4/2000, S. 200-207

Schulsponsoring: taz, 4.3.2014; Göttingen: Göttinger Tageblatt, 31.8.2017, zit. nach: www.business4school.de, aufgerufen 7.5.2018

Seitenwechsel: www.seitensechsel.com, aufgerufen 11.2.2018. Die Honorarsätze der Agentur verriet das Magazin des Bundesnetzwerks Bürgerschaftliches Engagement BBE engagement macht stark, Nr. 1, 2013, S. 34

Seniorenassistenz: www.senioren-assistentin.de, aufgerufen 11.3.2018 und taz, 29.11.2014

SGB XI: Vgl. § 45d SGB XI, aus dem das Zitat stammt;

Weitere einschlägige Regelungen im SGB XI »Fünfter Abschnitt – Angebote zur Unterstützung im Alltag, Entlastungsbetrag, Förderung der Weiterentwicklung der Versorgungsstrukturen und des Ehrenamts sowie der Selbsthilfe«:

§ 45a Angebote zur Unterstützung im Alltag,

§ 45c Förderung der Weiterentwicklung der Versorgungsstrukturen und des Ehrenamts,

§ 53c Richtlinien zur Qualifikation und zu den Aufgaben zusätzlicher Betreuungskräfte«

Selke, Stefan: Kritik der Tafeln in Deutschland. Standortbestimmungen zu einem ambivalenten sozialen Phänomen. Wiesbaden 2010

Service Learning/Hochschulen: Das einschlägige Netzwerk für die Hochschulen: www.bildung-durch-verantwortung.de listet 37 teilnehmende Hochschulen in Deutschland und Österreich auf, aufgerufen 28.2.2018

Sozialgenial: www.aktive-buergerschaft.de/service-learning/service-learning-mit-sozialgenial –»Was kannst Du gut, was Anderen nützt? Ausgehend von dieser Frage setzen sich Schüler aus der Schule heraus für die Gemeinschaft ein und verknüpfen Unterricht mit Engagement. Service Learning mit sozialgenial ist ein Lehr- und Lernkonzept, das Unterricht und bürgerschaftliches Engagement miteinander verbindet.« (Beispiele zitiert nach: Nachrichtendienst Bürgergesellschaft, 1.3.2014. www.aktive-buergerschaft.de)

Späth, Oliver: Steuerberaterkanzlei Oliver Späth – www.spaeth-stb.de/sites/stb/2016/stb10.html, aufgerufen 3.2.2018

Spenden 4.0: Beispiele gesammelt auf dem Fundraising-Tag Baden-Württemberg, Stuttgart 23.6.2014

Spendenlauf 1: WDR 5, Sendung LebensArt, 13.4.2015.

Spendenlauf 2: www.movingtwice.de, aufgerufen 17.4.2018

Stadt Köln 2017: Verwaltungsmitteilung 3477/2017 vom 30.11.2017 der Stadt Köln, Sozialdezernat

Stadt Köln 2018: www.stadt-koeln.de/leben-in-koeln/freizeit-natur-sport/wald/gestaltung-von-kreisverkehren, aufgerufen 11.2.2018

Stadtteileltern: Die Linke im Rat der Stadt Köln (Hg): »Platzjabbeck« Nr. 9, November 2016

Stadtteilmütter: www.berliner-woche.de, aufgerufen 23.3.2018

Stathopoulos, Alexandros: In: Bundesnetzwerk Bürgerschaftliches Engagement 2015 (Hg): Engagement macht stark, Nr. 2/2015, S. 37, 39

Staudinger, Melanie: Angriff auf das Ehrenamt. Kommerzielle Anbieter entdecken das lukrative Geschäft mit der Nachbarschaftshilfe, Süddeutsche Zeitung, 4.12.2017

Steglitz: www.stadtteilzentrum-steglitz.de, aufgerufen 15.4.2018

Stegner, Ralf: Interview mit Ralf Stegner, SPD, zum solidarischen Grundeinkommen, web.de, 28.3.2018

Streetworker: Kölner Stadt-Anzeiger: www.ksta.de/28359192, aufgerufen 13.3.2018

Tafel: www.tafel.de/…/vom-willkommen-zum-ankommen…, www.
    tafel.de/…/Faltblatt _heimat_RZ_intern…, Quelle: Nachrichten-
    dienst Bürgergesellschaft, Nov. 2016
Tafel Essen: Kölner Stadt-Anzeiger, 24./25.2.2018 und 28.2.2018
Transparency: www.transparency.de/mitmachen/initiative-transpa-
    rente-zivilgesellschaft, aufgerufen 7.5.2018
Truger, Achim:, in: taz, 31.3.2014

Ulonska, Sabine: Funkhausgespräche, WDR 5, 16.6.2011
United Charity: Stand der Auktion bei Letzterem: 1.700 www.uni-
    tedcharity.de. Stand der eingesammelten Spenden Anfang 2018:
    über 7,2 Millionen Euro; aufgerufen 31.1.2018
USA: www.bls.gov/news.release/volun.nr0.htm, aufgerufen 27.4.2018

Verdienste: Statistisches Bundesamt, Verdienste auf einen Blick 2017,
    www.destatis.de
Vermögende Deutsche: Böckler Impuls, Ausgabe 04/2017,www.boe-
    ckler.de, aufgerufen 27.3.2018
Veto: Kordula Doerfler, Der Frust der freiwilligen Helfer. In: Frank-
    furter Rundschau, 15.3.2017. www.unserveto.de und www.aner-
    kennung.de

Wende, Waltraud: Schleswig-Holsteinische Zeitung, 13.5.2013
Werner: Werner, Götz/Göhler, Adrienne: Tausend Euro für jeden.
    Freiheit, Gleichheit, Grundeinkommen, Berlin 2010, S. 260. –
    2013 schätzte das *manager magazin* Werners Gesamtvermögen
    auf ca. 1,1 Mrd. Euro. Werner lag somit auf Platz 109 der 500
    reichsten Deutschen; www.wikipedia.de/Götz_Werner, aufgeru-
    fen 27.3.2018
Wiest, Susanne: www.wikipedia.org/Susanne Wiest, aufgerufen
    26.3.2018
Wohnungslosenhilfe: www.bagw.de, Pressemitteilung vom 14.11.2017,
    aufgerufen 4.5.2018

Zaman: Kölner Stadt-Anzeiger, 21.4.2016

Zollitsch, Robert, in: »Woche für das Leben«, 2011, zitiert nach
    chrismon, 8.5.2011

Zweiter Engagementbericht: Klie, Thomas / Klie, Anna Wiebke (Hg.),
    Engagement und Zivilgesellschaft. Expertisen und Debatten zum
    Zweiten Engagementbericht. Wiesbaden 2018. (Kurzfassung: sie-
    he unter BMFSFJ 2016b)

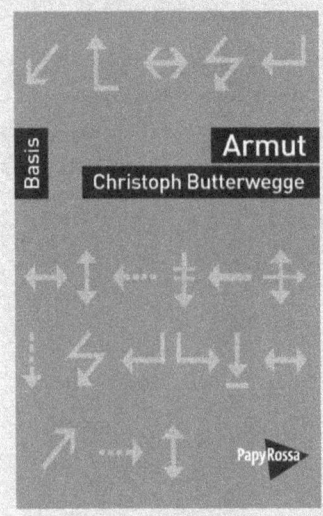

Christoph Butterwegge

ARMUT

**Basiswissen Politik /
Geschichte / Ökonomie**

3., aktualisierte Auflage
Pocketformat | 138 Seiten
ISBN 978-3-89438-625-2
€ 9,90 [D]

»Armut« ist ein brisanter, weil politisch-normativer, emotional besetzter und moralisch aufgeladener Begriff. Christoph Butterwegge diskutiert den Armutsbegriff, wirft einen Blick auf die Geschichte der Armut und vermittelt die theoretischen Grundlagen. Er stellt die Hauptrichtungen der Armutsforschung vor, erläutert die gängigen Methoden der Armutsmessung und hinterfragt die statistische Datenlage, wie sie die Armuts- und Reichtumsberichte der Bundesregierung dokumentieren. Neben den unterschiedlichen Erscheinungsformen und den Folgen der Armut für die Betroffenen wie die Gesellschaft beschäftigen ihn die Entstehungsursachen und die wenig überzeugenden Erklärungsansätze der (Medien-)Öffentlichkeit. Abschließend geht es um den Kampf gegen die Armut sowie die Frage, welche Maßnahmen hierbei Erfolg versprechen und ob das bedingungslose Grundeinkommen ein Patentrezept darstellt.

PapyRossa Verlag
Luxemburger Str. 202, 50937 Köln, Tel. (0221) 448545, Fax 444305
mail@papyrossa.de – www.papyrossa.de